건강하고 행복한 아름다운 세상
나 하나 바로 서면 세상이 바로 선다.

정종원의
행복 실천
288

옳고바른마음총연합회

후원 협찬사

1. 옳고바른마음총연합회

2. 꽃송이버섯총괄사업단

3. 한글세계화운동연합

4. (사)대한민국희망안전재단

5. (사)대한양곡유통협회

6. (사)한국전기이륜차배달라이더협회

7. (재)153 글로벌 비전

8. 미래팜스

9. k-푸드웍스

10. 생명나무

11. O2코리아

12. GB 글로벌엔터테인먼트

행복 지침서를 만들며

지금 이 순간 내가 해야 할 일이 무엇인지 나에게 물어보았으며, 나의 중심이 무너지고 쓰러져 넘어진 상태에서 방황한 시간이 벌써 10여 년의 세월이 훌쩍 지나가 버렸습니다.

제자리로 돌아가기 위해 지금의 나를 바꾸고 세상을 이끌어 갈 수 있는 사상가이면서 생활철학을 완성하기로 마음먹고 행복실천 288 지침서를 만들게 되었습니다.

스위스 여행 18일 동안에 방향을 설정하고 문장별 제목을 정하였으며, 생각은 잠시 머물러 있다가 사라지고 마음은 요동치고 수시로 변화한다는 사실을 알아차리고, 어둠 속에서 길을 찾기 위한 노력의 결과는 기록에 있다는 것을 깨달았습니다.

코로나 19와 함께 추락하면서 버틸 수 있는 힘이 없어 면책회생이라는 방법을 선택해 보았으나, 세상에 도망갈 곳은 어디도 없다는 사실을 알아차리게 되었으며, 신용불량이라는 이름표가 붙음에 따라 통제와 제약에서 움직일 수 있는 공간이 없었습니다.

지금 이글을 쓰게 된 것은 나와 같은 전철을 밟지 않기를 바라는 마음이며, 경제적 시간적 환경적 자유를 구현하기 위해서는 나의 정체성과 명확한 기준과 원칙을 세우고 올바른 방향을 설정하고, 절차와 순서에 따라 리듬을 맞추고 통제와 절제에 의한 속도를 조절하고, 반복적인 훈련을 통해 습관으로 자리 잡고 행동으로 실천해야 원하는 결과를 만들어 낼 수가 있습니다.

2025년 9월에 정종원

정종원 약력

1. 인적 사항

⊙ 성   명 : 정 종 원
⊙ 생년월일 : 1960. 4. 3(만 65세)
⊙ 주   소 : 서울시 동작구 동작대로 13길 42-4(사당동)
⊙ 사 무 실 : 서울시 구로구 가마산로 229(구로동)
　　　　　　성보빌딩 510호
⊙ 연 락 처 : 010-9326-6764
⊙ E- mail : bsg3788@gmail.com

2. 학력, 병력, 수상, 저서

⊙ 학력 : 대입검정고시, 서울대학교 국제대학원
　　　　 GLP17기 이수
⊙ 병력 : 대한민국 해군(195기) 병장 만기전역
⊙ 수상
 - 1989. 12 : 농림수산부 장관표창(양정시책)
 - 1997. 06 : 부총리겸 재정경제원 장관 표창(물가안정)
 - 1999. 08 : 감사원 모범 공직자 선정(전국 33인)
 - 1999. 12 : 한국농수산식품유통공사 사장 표창
　　　　　　 (감사원 모범)
⊙ 저서 : 봉수생각(건강하고 행복한 아름다운 세상)
　　　　 북나비(2022.06.10.)

3. 경력사항
◉ **한국농수산식품유통공사 재직당시 담당업무**
- 1983. 04 : 한국농수산식품유통공사(구 농어촌개발공사)
   (비축물자판매, 외화획득용 원자재 사후관리)
- 1985. 08 : 정부비축물자 수매, 수출(고추, 콩, 사과 등)
- 1990. 11 : 대구.경북지역본부 안심비축기지 관리장
- 1993. 04 : 과실봉지사업소(사과, 배봉지)구매, 판매
- 1995. 01 : 본사 판매처 양곡류 판매(가공용 콩,팥 공급)
- 1998. 11 : 국영무역처 양곡류, 외자구매, 판매, 대북
   반출입
- 2000. 03 : 유통조성처 법정도매시장 평가(가락동 도매시장
   등)
- 2000. 07 : 한국농수산식품유통공사 퇴사

◉ **사회 근무경력**
- 2000. 09 - 2013. 06 : (주)제이비엔 설립 대표이사
- 2011. 11 : (주) 미담채 업무협력 파트너 협약 롯데마트 입점
- 2012. 10 : 농업회사법인 아리원 회장(수탁경영)
- 2014. 03 : (주)한길물류 사장
- 2015. 04 : 농업회사법인(주)새로나 회장
- 2016. 08 : 농업회사법인(주)대자연 꽃송이버섯 파트너 계약
- 2018. 04 : (주)꽃송이버섯조합중앙회 단장
- 2019. 10 : (주)SC건강시대 회장

■ **대외 경력사항**

⊙ 2001. 08 : 한국농수산식품유통공사 해외정보조사 전문위원
⊙ 2002. 05 : 한국개발연구원(KDI)북한경제팀 위원
⊙ 2003. 03 : 한국농수산식품 유통공인회 위원
⊙ 2008. 06 : 서울대학교 국제대학원 GLP 17기 이수
⊙ 2010. 11 : 대구한의대학교 산학협력체결
⊙ 2013. 07 : 대한양곡유통협회 설립 추진 위원장
⊙ 2013. 10 : (사)대한양곡유통협회 농림축산부장관허가
 고문
⊙ 2014. 08 : 소비자통센터건립 추진위원회 구성
⊙ 2015. 06 : 꽃송이버섯 생산자협의회 회장
⊙ 2015. 06 : 사단법인 한민족운동지도자연합회 이사
⊙ 2015. 12 : 한국특수버섯연합회 창립 회장
⊙ 2016. 05 : 사단법인 한민족운동지도자연합회 회장
⊙ 2018. 10 : 사단법인 한국숲사랑총연합중앙회
 서울시 사무총장
⊙ 2019. 01 : 사단법인 국민건강중앙회 자문위원
⊙ 2020. 09 : 농업회사법인주식회사
 꽃송이버섯중앙회 회장
⊙ 2021. 07 : 사단법인 사색의 향기 운영위원
⊙ 2023. 09 : 호서대학교 산학협력 (주)숨 연계 협약
⊙ 2023. 10 : (재) 153 글로벌 비전 (사) 청음비전 업무협약
⊙ 2023. 11 : (주) 성신이엔씨 가공센터 업무협약
⊙ 2024. 01 : (재) 153 글로벌 비전 고문
⊙ 2025. 01 : 옳고바른마음총연합회 후원 총회장

차 례

1. 기준 · 11

2. 원칙 · 35

3. 방향 · 61

4. 정차 · 87

5. 순서 · 113

6. 리듬 · 139

7. 절제 · 165

8. 속도 · 191

9. 반복 · 217

10. 훈련 · 243

11. 행동 · 269

12. 실천 · 295

1. 기준

1) 관찰을 통해 있는 그대로 받아들이고 알아차립시다.
2) 판단을 통해 깨달음을 얻고 인생을 설계합시다.
3) 행동으로 실천하여 결과를 만드는 설계를 합시다.
4) 인간의 본질과 본성을 파악해 봅시다.
5) 인간관계는 천심인성을 알아보고 선택 합시다.
6) 선택된 인성에 맞추어 관계를 유지한다.
7) 사업시작 전에 명확한 사실과 근거를 마련해 둡시다.
8) 추진과정의 책임과 한계를 분명히 해 둡시다.
9) 공정하고 투명한 배분의 숫자를 정해 둡시다.
10) 돈을 버는 방법을 만들고 실행합시다.
11) 돈을 지키고 늘리는 방법을 만들고 이행 합시다.
12) 수익적 지출과 소모성 지출에 대한 항목을 정해둡시다.
13) 생각한 후에 어떻게 말할지 정해 둡시다.
14) 내 말이 미치는 영향이 무엇인지 알아둡시다.
15) 누가 해야할 일인지 구별해 둡시다.
16) 언제 해야 하는지 때를 정해 둡시다.
17) 무엇을 하는 것이 올바른 일인지 알아둡시다.
18) 어떻게 하는지 방법을 찾아둡시다.
19) 어디서 하는 것이 가장 적합한 것인지 정해 둡시다.
20) 왜 이것을 하는지 원인과 이유를 검증해 봅시다.
21) 나의 사명은 무엇인지 알아둡시다.
22) 내가 가장 원하는 것은 무엇인지 말을 해 봅시다.
23) 나의 목표가 무엇인지 알고 행동으로 실천 합시다.
24) 내가 정해놓은 것이 정답이며 그 길로 가는 것이 인생이다.

1. 기준

1) 관찰을 통해 있는 그대로 받아들이고 알아차립시다.

세상을 살아가면서 관찰을 통해 있는 그대로 바라보고 듣고 느끼고, 진정으로 의미하는 것이 무엇인지 알아차리는 것이야 말로 매우 중요한 일이라 생각합니다.
아무런 생각없이 멍하니 바라보고 있을 것이 아니라, 나의 존재 이유와 내가 해야 할 일이 무엇이고, 인류를 위해 무엇을 남기고 갈 것인가에 대해 생각해 보고, 본인이 가장 잘 할 수 있는 것을 찾아서 도전과 시도를 해야 됩니다.

생각만 하고 있지 말고 나의 사명을 알아차리고, 행동으로 실천하여 결과를 만들어 낼 수 있도록 자료의 수집과 분석을 통해 사업성을 검토하고 다음 단계로 넘어갈 수 있도록 기초를 만들어야 할 것입니다.

그동안에 수 많은 경험과 기술을 바탕으로 보이지 않는 것도 볼 수 있는 통찰력을 가지는 습관을 기르고, 연습과 훈련에 의해 몸과 마음이 함께 움직일 수 있도록 하는 것이 좋습니다.
관찰하면서 본질과 핵심을 파악하는 명확한 기준과 원칙을 세우는 습관을 길러나가도록 합시다.

2) 판단을 통해 깨달음을 얻고 인생을 설계합시다.

지금은 정보가 넘쳐흐르는 홍수시대를 살아가고 있는데 수집된 자료와 내용을 분석하고, 다양한 형태로 검토 한 후에 명확한 판단을 통해 무엇을 할 것인가에 대해 깨달음을 얻어야 합니다.

세상에서 나를 대신해 줄 수 있는 것은 없다는 사실을 인지하고, 인생을 설계하고 내가 원하는 방향을 설정하고 절차와 순서에 따라 진행속도를 조절해 나가는 것이 필요한 것입니다.

나의 정체성과 존재의 이유를 알고, 지구촌에서 해야 할 일과 사명이 무엇인지를 찾아서 현실로 구현하는 창조적 작품을 만들어야 한다고 생각하며, 귀중한 시간을 낭비하지 않도록 명확한 기준을 정하고 행동으로 실천해야 됩니다.

누구에게나 주어진 시간은 똑같지만, 어떻게 사용하느냐에 따라 결과물이 다르게 나타난다는 사실을 알고 정확한 방향과 나의 길을 개척하면서 가야 합니다.

각자 깨달음의 방법이 다르고 원하는 목표와 목적이 다름을 인정하고 자신의 최선을 다 합시다.

3) 행동으로 실천하여 결과를 만드는 설계를 합시다.

생각을 많이 해도 행동으로 실천하지 않으면 아무런 변화도 일어나지 않는다는 사실을 인지하고, 지금부터 직접 행동으로 실천하는 습관을 기르고 반복과 훈련을 실천해 보기로 합시다.

누구나 말은 쉽게 하지만 일어나지도 않을 걱정에 대한 두려움으로 인하여, 도전과 시도를 하지 않고 가만히 앉아서 걱정만 하는 모습을 지켜볼 수밖에 없는 경우도 있 습니다.

고정관념을 바꾸고 내 인생의 설계는 직접 기획하고 만들어 보는 것이 좋다는 것을 알려드리고 싶으며, 생각을 행동으로 직접 옮기고 그 결과를 지켜보면 성취의 보람과 자랑스러운 나를 느끼게 됩니다.

지나온 과거로 돌아갈 수 없다는 사실을 인정하고, 지금 이 순간부터 나를 바꾸고 진정으로 내가 원하는 일을 하면서 존재의 이유와 가치를 증명해 본다면, 아주 특별한 경험을 할 수 있을 것입니다.
행동이야 말로 결과를 만드는 가장 중요한 요소라 생각되며 다 함께 직접 행동으로 실천해 봅시다.

4) 인간의 본질과 본성을 파악해 봅시다.

인간의 본질과 본성에 대해 알아보고 나와 함께 어울리는지 파악해 볼 필요가 있다고 생각하며, 세상에 수많은 사람들이 있지만 나와 소통하고 교감할 수 있는지 검증해 보는 것이 좋습니다.

그동안에 살아오면서 수 많은 사람들을 만나면서 느끼게 된 것은, 똑같은 사람은 존재하지 않고 모두 각자 다르다는 것을 알게 되었으며, 인간관계를 형성하기 위해 서로 파악한 후에 인연을 맺는 것이 좋은 결과를 낳는다고 봅니다.

상대에 대해 깊이 이해하고 본질과 본성에 동의한다면 서로가 지켜주면서, 믿고 안아주고 사랑하면서 살아갈 수 있다고 판단 되며, 자유와 평화로운 가운데 행복을 누릴 수 있는 훌륭한 동반자가 될 것입니다.

인연을 함부로 맺을 것이 아니라 명확한 기준을 가지고 확실한 판단과 결정을 내리고, 똑같이 주어진 귀중한 시간을 함께 하면서 원하는 것을 이루고 즐거움과 기쁨을 누릴 수 있는 길을 찾아야 합니다.
손 잡고 함께 길을 갈 동반자 선택은 명확한 기준으로

5) 인간 관계는 천심인성을 알아보고 선택 합시다.

우리가 살면서 수많은 경험을 하였고 앞으로도 진행하면서 살아갈 것인데, 중요한 것은 인간관계를 어떻게 하는 것이 가장 효율적이고 가치가 있는지 생각해 보아야 합니다.

사람을 간단하게 분류해 보면 나를 기준으로 다가오는 사람, 떠나는 사람, 머물러 있는 사람으로 구별해 볼 수 있으며 그 상황에 따라 대처하는 것이라 봅니다.

진정으로 나와 함께 할 수 있는 사람은 나와 함께 끝까지 동행할 수 있는 사람이라고 생각되며, 옳고바른마음을 가지고 정직하게 살아가는 사람이면 더욱 더 좋지, 시련과 고통을 겪으며 동반자로서 역할을 할 수 있다면 다행스러운 것입니다.

내가 옳고바른마음을 가지고 행동으로 실천하는 사람이 된다면, 나와 함께 뜻과 마음을 같이 나누며 동반자로서 함께 길을 갈 수 있는 사람이 찾아오거나 나타나게 될 것이라 믿고 있습니다.
사람은 쉽게 바뀌지 않으며 천성, 심성, 인성을 파악해 보고 함께 일을 할 것인지 판단과 결정을 내립시다.

6) 선택된 인성에 맞추어 관계를 유지한다.

태어날 때부터 지니고 있는 천성과 심성은 쉽게 변화되는 것이 아니고, 인간으로 성장하면서 갖추게 되는 인성은 옳고바른마음으로 교정이 가능하다고 생각되어 글로벌 인성문화대축제 형태로 개선해 나가려고 노력하고 있습니다.

인간의 성격과 품성이 만들어 지는 것은 부모의 밥상머리 교육부터, 유아원 유치원, 초등학교, 중학교, 고등학교 과정을 거치면서 선생님의 지도와 사랑에 의해 많은 영향을 받게 된다는 것을 알 수 있게 됩니다.

바다 보다 더 깊은 사람의 마음속을 들여다 볼 수가 없는 상태에서 각자 가지고 있는 인성을 직접적으로 파악해 보지 않더라도, 외부로 풍기는 인상과 말과 행동을 보고 짐작은 가능해도 정확하지는 않습니다.

서로 소통하면서 조금씩 양보하고 한 발자국씩 다가가서 교감할 수 있는 상태가 되면 내면의 인성이 나타나게 될 것입니다.
선입견을 버리고 선택된 인성에 맞추어 인간관계를 유지하면서, 공감대를 형성하고 함께 길을 가는 것도 좋다고 봅니다.

7) 사업시작 전에 명확한 사실과 근거를 마련해 둡시다.

사업을 시작하기 전에 기본적인 사항에 대하여 명확한 기준과 원칙을 세우고, 근거를 증명할 수 있도록 기록하여 문서로 만들어 두는 것이 분쟁을 사전에 예방할 수가 있습니다.

그동안 살아오면서 경륜과 연륜을 쌓아가는 과정을 거치며 실제로 일어나는 현상을 보고, 느낀 그대로 상황을 정리하여 좋은 것은 계승 발전시키고 나쁜 것은 보완하거나 소멸시켜야 한다는 생각을 하게 되었습니다.

살아있는 동안에 각자 자기가 맡은 일을 해야 하는데, 어떻게 하는 것이 가장 효율적이고 가치가 있는가를 선택하기가 매우 어려운 것이 사실입니다.

처음부터 명확한 기준을 세워 두고 올바른 방향을 설정하는 습관을 기르는 것은 매우 중요한 것으로 판단되어, 나와 같이 시행착오로 인한 시련과 고통을 겪지 않았으면 하는 마음입니다.

누구나 처음에는 '그래그래' 하면서 쉽게 수용을 하지만, 금전에 관한 문제가 발생되면 분쟁이 일어나고 험한 말이 오고가고 인간관계가 복잡하게 만들어집니다.

8) 추진과정의 책임과 한계를 분명히 해 둡시다.

일을 추진하는 과정에서 돌발적으로 일어나는 문제를 해결하기 위한 역할과 업무를 분담해 두고, 책임과 한계를 분명히 하는 기준을 만들어 두어야 합니다.

위기상황이 발생되면 회피하려는 인간심리가 작용하여 그 일에서 벗어나거나 도망 가려는 경우가 발생되기도 한다는 사실을 알고, 다 함께 살기 위해서는 각자 맡고 있는 책임을 다해야 하는 것입니다.

좋은 일은 서로 앞장서서 자랑하려고 하지만, 어렵고 힘든 일이 나타나면 외면하고 싶은 것이 인간이라는 것을 인지 하고 처음에 정한 기준에 따라 임무를 완수할 수 있도록 격려하고 지원하는 기업문화를 만들어야 합니다.

변화의 상황에서 일어나는 현상을 바라보고 정확한 관찰과 알아차림으로, 지금의 상황에서 어떻게 대처하는 것이 가장 효율적이고 지속가능성이 있는지를 파악 할 줄 알아야 됩니다.
세상의 흐르는 파도는 거칠고 험난하다는 것을 알고 각자 책임과 한계에 적합한 행동을 합시다.

9) 공정하고 투명한 수익배분의 숫자를 정해 둡시다.

인간관계를 효율적이고 가치 있는 방향으로 이끌어 나가기 위해서는, 일을 추진하고 난 후에 공정하고 투명한 수익을 배분하는 것이 지속가능성을 높이는 길이라 생각합니다.

배분에 관한 분쟁을 사전에 예방하기 위해서라도 기준을 명확한 숫자로 표기해 두어야 하는 것을 원칙으로 삼아, 당사자 간에 미리 정하고 확인 도장이나 서명으로 기록을 남기는 문서화 할 것을 추천 드립니다.

책임과 수익 및 손실에 관한 것은 민감한 사항으로서 미리 명확한 기준을 세워두지 않으면, 분쟁이 발생하게 된다는 사실을 뼈저리게 겪은 사람들의 증언도 있으며, 재발방지를 위한 대책을 마련해 두기를 권장하는 바입 니다.

사업에서 수익이 많으면 서로 더 가지려는 욕심이 발생 되고 손실이 발생 되면 책임을 회피하거나 도망가려는 이상한 태도를 보이게 된다는 것을 많은 사람들이 직접 경험을 통해 알고 있습니다.

수익배분 기준을 숫자로 명시해 두는 습관을 기릅시다.

10) 돈을 버는 방법을 만들고 실행합시다.

돈을 버는 방법에는 세 가지 유형이 있는데, 직접적으로 사업을 하는 것, 투자를 이용하는 것, 취업을 통해 종사원이 되는 것이 일반적인 형태라 하겠습니다.

나의 경우에는 세 가지 형태에 모두 동참하여 체험과 경험을 쌓게 되었으며, 나에게 가장 적합한 것은 직접적으로 사업을 추진하는 것이라는 사실을 알게 되었습니다.

경제적 자유를 구현하기 위해서는 어떤 일이든지 간에 직접 바로 실행에 옮길 수 있는 자본이 있어야 한다는 사실을 누구나 다 알고 있는 상태이며, 재정적인 자유를 실현하기 위해 기존의 방법에서 벗어나 새로운 도구를 만들고 획기적인 변화를 주어야 됩니다.

각자의 능력과 기술에 차이가 있고 다름을 인정하고 내가 가장 잘 할 수 있는 방법을 선택하여, 나만의 길을 묵묵히 가는 것이 옳다고 판단과 결정을 내리게 되었습니다.

모든 것은 내 안에 잠재되어 있으며 나를 깨우고 나만의 방식을 적용하여 글로벌 경제영토를 확장합시다.

11) 돈을 지키고 늘리는 방법을 만들고 이행합시다.

수입과 지출에 관한 기준을 정하고 집행하는 방법을 만들고 보유하고 있는 돈의 활용을 통해 늘리고 지키는 대책을 만들어 두어야 합니다.

들어오는 물이 저수지에 모이고 넘쳐서 흐르도록 만들면 자연스럽게 경제적 자유는 실현되는 것이며, 물의 순환구조를 혁신하여 수문의 개방과 방출을 조절하는 것과 같다고 생각하면 될 것입니다.

수입 보다 지출을 많이 하는 잘못 된 습관은 날마다 돈이 들어올 것이라는 착각과, 자만심에 의해 돈을 지키는 관리가 어렵다는 것을 인지하고 나만의 방법을 선택해야 합니 다.

돈을 늘리는 것은 효율성과 지속 가능성이 확인되는 사업에 투자 비율을 높이고, 사업의 활성화와 소비촉진을 통해 충성고객을 만들고 인기상품으로 자리매김하여 글로벌 경제영토가 확장 되어야 하는 것입니다.

자금관리에 관한 시스템을 만들어 실시간으로 상황을 확인할 수 있도록 조치하고, 효율성과 가치를 높이고 지속 가능성에 초점을 맞추어 두어야 합니다.

12) 수익적 지출과 소모성 지출의 기준을 정해둡시다.

세상이 돌아가기 위해서는 소비촉진에 의한 선순환 구소가 만들어져야 된다는 사실을 누구나 이해하고 있으며, 돈을 지출하는 소비자 입장에서 고려해야 할 사항에 대해 생각해 보기로 하였습니다.

정해진 돈을 가지고 생활에 필요한 행위를 하는데 있어서 수익적 지출인지, 소모성 지출인지 빈 종이에 쓰지 전에 한 번 적어보면 스스로 알 수가 있다고 봅니다.

자존심을 지키기 위해 고급상점에서 필요하지도 않은 상품을 구매한다는 것은, 소모성 지출로 간주되며 좋은 사람들과의 관계를 유지하고 배려와 나눔을 위해 음식을 사 주고, 봉사와 지원해 주는 것은 수익적 지출로 생각합 니다.

세상을 밝고 맑게 하기 위해서는 공짜로 주는 것은 자재하고 지금 지원을 통한 일자리 창출과, 몸을 움직이거나 자발적으로 수익을 창출할 수 있는 기반을 구축해 주는 것이 바람직하다고 봅니다.
지원을 통해 자발적인 생산활동을 하도록 합시다.

13) 생각한 후에 어떻게 말할지 정해둡시다.

생각을 하고 입에서 나오는 대로 말하지 말고 잠시 멈추고 난 후에 어떻게 말을 할 것인지 정해 두어야 실수를 줄일 수가 있으며, 한 번 입에서 내 뱉은 말은 다시 주워 담을 수가 없습니다.

세상의 사람들은 말에 대해 민감한 반응을 보인다는 사실을 인지하고, 인간의 품격을 지키고 원활한 인간관계 형성과 존중과 존경에 의한 질서를 확립하도록 노력해야 합 니다.

똑같은 사람은 없으며 나를 이해하려고 하지도 않으며, 자기 듣고 싶은 말만 들으려고 하는 이기주의적 사고를 가지고 있는 사람도 상당히 많은 것으로 알려져 있으므로 내 스스로 말조심을 하는 것이 좋습니다.

말을 올바르게 하는 방법을 터득하고 연습과 훈련을 통해 습관이 되도록 하여, 자연스럽게 몸에 베이도록 한다면 더욱더 사회생활에 편리하게 될 것으로 생각 됩니다.

말을 하기 전에 어떻게 말하는 것이 가장 효율적이고 가치 있는가를 생각하는 습관을 기릅시다.

14) 내 말이 미치는 영향이 무엇인지 알아둡시다.

내가 하는 말이 사회에 미치는 영향이 무엇인지 생각해 보고, 검증의 절차를 거쳐 어떻게 작용되고 있는지 알아두는 것이 좋다고 생각합니다.

말이란 소통의 수단이지만 전달자와 전해 받는자, 생각의 차이에 의해 다양한 반응이 나올 수 있다는 사실을 인지하고 깊이 생각해 보고 천천히 말하는 습관을 기르는 것이 좋습니다.

하루에도 수많은 사람을 만나고 대화를 통해 의견을 주고 받는 것이 일상에서 많은 시간을 차지하고 있으며, 내가 전하고 싶은 말을 간단하고 명확하게 단호한 어조로 전달할 수 있는 방법을 찾아야 된다고 봅니다.

내가 말한 것에 대한 전체적으로 미치는 영향이 클 수도 있고 작을 수도 있지만, 자신의 품격을 지키고 사회 구성원으로서 역할을 다하기 위해서는 좀 더 다정하고 따뜻한 말솜씨를 길러서 아름답게 표현하는 것이 좋다고 생각됩니다.

우리 모두 옳고바른마음 자세를 가지고 칭찬과 응원을 아끼지 말고 일상생활에 적용 해 봅시다.

15) 누가 해야 할 일인지 구별해 둡시다.

지금 해야 할 일이 있다면 누가 하는 것이 가장 적합한 것인지에 대해 미리 정해 두는 것이 좋으며, 업무의 효율성과 가치에 기반을 두고 역할 분담과 담당자를 지정해 두면 원하는 성과와 결과를 만들어 낼 수가 있습니다.

일의 성격에 따라 좋아할 수도, 싫어할 수도 있는 것이기 때문에 종사원의 적성에 따라 적합한 일과 장소에 인원을 배치하는 것은, 회사를 운영하는 입장으로 보면 매우 중요한 것입니다.

일 자체가 흥미 있는 것이거나 싫어 할 수 있는 경우에는 종사자 간에 경쟁이나 회피현상이 일어날 수 있다는 사실을 인지하고, 미리 인력수급 관리 시스템을 구축하여 운영할 것을 권유하는 바 입니다.

종사자 간의 화합과 원활한 소통을 위해서는 형평성과 투명성에 의한 인사관리가 필요하며, 조화를 통한 화합과 통합의 조직문화가 정착 될 수 있도록 조치를 해야 합니다.

내부의 분쟁 요소를 사전에 방지할 수 있는 대책수립

16) 언제 해야 하는지 때를 정해 둡시다.

언제 시작하는 것이 가장 적합한 때인지를 생각해 보고, 일의 성격과 소비자 호응도에 맞추는 것이 좋다고 보며, 시장상황과 계절에 관하여도 고려한 계획을 수립하는 것이 바람직하다고 봅니다.

정확한 판단이 서지 않으면 내가 직접 적합한 때를 만들어 시장을 주도하고 변화의 물결을 일으키는 방법도 획기적인 사건이 될 수가 있으며, 나 자신의 확신과 자신감으로 때를 만들어 보기를 추천하는 바입니다.

인생의 설계는 자기 스스로 하는 것으로 지나치게 남을 의식하지 말고 내 길을 개척하면서 걸어가는 것이라 생각되며, 그 어떤 두려움이나 실패에 대한 걱정도 미리 할 필요가 없으며 있는 그대로 일어나는 현상을 받아들여야 합니다.

세상에 정해진 답은 없다고 생각하며 자신의 인생은 스스로 설계하고, 원하는 방향에 따라 가면서 절차와 순서에 의한 속도조절로 성과와 결과를 만들어내는 것입니다.

가장 중요한 때는 지금 바로 시작하는 것이다.

17) 무엇을 하는 것이 올바른 일인지 알아둡시다.

무엇을 할 것인가의 판단은 각자 몫으로 그 누구의 간섭도 받지 않아도 되는 것이며, 옳고 그름에 관한 것에 대해 정확한 판단과 결정을 내리는 습관을 길러야 됩니다.

처음부터 모든 것을 다 알 수가 없으므로 용기있게 도전과 시도를 통해 진행하는 과정에서 어떻게 하는 것이 올바른 것인지 결정을 내리는 것이 좋다고 생각되며, 행동으로 실천하는 과정에서 일어나는 돌발적인 상황에 적극대처 하다가 보면 경륜과 연륜이 쌓이게 되는 것입니다.

자기의 특장점을 발견 할 수 있다는 것은 매우 중요한 것이며, 무엇을 할 것인지에 대해 확실한 방향을 잡을 수가 있는 계기가 마련되고 한 분야의 전문가로서 성장할 수 있는 기회를 잡을 수 있다고 봅니다.

자신이 가장 잘 하는 것이 무엇인지 알아내기가 어려운 경우에는 부모, 스승, 친구 등의 도움을 받을 수도 있으며, 스스로 나의 길을 개척하는 창조적 생각을 가지고 진취적인 사람이 된다면 자신의 인생길을 찾을 수 있다고 봅니다.

18) 어떻게 하는지 방법을 찾아 둡시다.

어떻게 하는 것이 가장 좋은 방법인지 찾기 위해서는 직접 부딪치면서 일어나는 현상을 보고, 고기잡이 도구를 선택하는 것이 매우 중요한 것이라는 것을 알게 되었으며, 새우잡이 그물로 고래를 잡으려는 망상은 버려야 할 것입니다.

누구나 성공하고 싶은 마음을 가지고 나름대로 최선을 다하고 있지만, 기대하는 결과를 만드는 것은 일부에 지나지 않으며 문제의 해결 방법은 가장 적합한 방법을 찾아 도구와 목표점에 맞추어야 한다고 봅니다.

그동안에 수많은 도전과 시도를 해 보았으며, 고래 잡는 그물로 다양한 물고기를 잡겠다고 발로 뛰고 몸으로 부딪치면서 상처도 받고 깨지고 넘어져 보기도 하면서, 이러한 방법으로는 해결하기 어렵다는 것을 알게 되었습니다.

따라서 잠시 멈춤을 통해 버리고 내려놓고 비우면서 빈 공간을 많이 만들어 두었으며, 지금 이 순간부터는 나의 인생 황금기에 적합한 방법으로 알차게 남아 있는 시간 동안 눈으로 볼 수 있는 창조적 작품을 현실로 구현하기로 하였습니다.

19) 어디서 하는 것이 가장 적합한 것인지 정해둡시다.

일을 하는 장소에 따라 효율성과 가치가 다르게 나타날 수 있다는 생각을 해 보고, 어디서 하는 것이 가장 적합한 것인지에 대해 위치와 환경을 알아 보고 장소를 정하는 것이 좋습니다.

특히 상품의 유통에 관한 사업을 추진한다면 위치가 차지하는 비중이 매우 크다고 할 수 있으며, 소비자의 접근성, 교통환경, 기반시설, 주차장 등 고려할 사항이 많이 있다고 봅니다.
아무리 좋은 상품을 진열해 두어도 소비자가 찾아주지 않으면 아무런 성과도 만들어 낼 수가 없다는 사실을 인지하고, 소비자 입장에서 생각하고 편의제공과 자발적인 참여를 유도하는 것이 필요하다고 생각합니다.

장소에 관하여는 사업성 검토 과정부터, 기본계획 실행계획에 이르기 까지 면밀한 분석과 검토를 통해 정확한 판단과 결정을 내려야 할 것입니다.

상품은 팔아야 산다는 각오로 소비자가 직접 찾아오도록 하는 서비스 제공과, 차별성 및 특성에 관한 적극적인 홍보와 마케팅이 필요한 것입니다.

20) 왜 이것을 하는지 원인과 이유를 검증해 봅시다.

왜 이 일을 하는지 질문을 던지고, 원인과 이유에 대해 정확히 파악해 보는 것이 좋으며, 일을 함으로서 어떠한 변화가 일어나고 인류에 미치는 영향은 무엇인가 생각해 보았습니다.

살아가면서 가만히 있을 수는 없으며, 생존을 위한 대책을 만들고 꿈과 희망을 실현하기 위해 목표와 목적을 설정하고, 자신이 할 수 있는 최선을 다하는 것이 인간이라고 생각합니다.

일을 하고 있으면서도 왜 일을 하고 있는지 원인과 이유를 모를 때가 있으며, 뚜렷한 목표가 없고 일에 흥미가 없을 때에는 지루함을 느끼고 포기하고 싶은 마음이 드는 것이 사실입니다.

태어나서부터 지금까지 줄기차게 일을 하고 다양한 형태의 도전과 시도를 하였지만 명확한 결과를 만들지 못한 것에 대한 아쉬움도 있으며, 그 동안의 수많은 과정을 거치면서 즐거움과 기쁨을 누리고 성취의 보람도 느껴 보았습니다.
지금 이 순간부터 나를 바꾸고 인생의 황금기를 만들어 보기로 하였습니다.

21) 나의 사명은 무엇인지 알아 둡시다.

나의 사명은 "건강하고 행복한 아름다운 세상 만들기"라는 슬로건을 가지고 먹을거리에 관한 업무를 수행하여 왔으며, 최근에는 인성에 관한 새마음운동을 추진하고 있습니다.

이 세상 사람들은 모두 다르다는 것을 인정하고 존중과 존경에 의한 인간관계를 형성하고 대화를 통한 소통과 화합 통합의 과정을 진행하고 있으며, 천성 심성 인성에 관한 새로운 질서 확립이 필요하다고 판단하여 옳고바른마음총연합회 사업에 관심을 가지고 총후원회장 역할을 수행하고 있습니다.

세상은 넓고 할 일은 많이 있지만, 내가 눈 감고도 가장 잘 할 수 있다고 생각하는 먹거리 유통에 관한 비축, 유통, 소비 수출입 업무를 수행해 나가는 것을 주요 업무로 여기고 추진 중입니다.

지금은 인생 황금기를 맞이하여 남아있는 시간 동안 한반도와 동아시아 연합에 관한 관심을 가지고, 나의 힘과 능력을 최대한 발휘하여 성과를 만들기 위한 노력을 기울이고 있습니다.

22) 내가 가장 원하는 것은 무엇인지 말을 해 봅시다.

지금 이 순간 내가 원하는 것은 그 동안에 만들어 놓은 인간관계 천연기념물급, 인간문화재급의 초격차 기술과 능력을 소멸되지 않도록 후계구도를 만들고 각 분야별 경영자를 만들어 전수시키는 일이라고 생각하고 있습니다.

아주 특별한 기술을 가지고 있는 유일무이한 기술이나 물질 등을 이용한 보존의 가치가 탁월한 것에 대해 인류에 공헌과 봉사가 가능하고, 누구나 혜택을 볼 수 있는 방향으로 상품화시키고 공급하려고 노력하는 것입니다.

기인들과 소통 화합하는 방법은 많은 어려움이 있지만 30~50년간의 연구개발을 통해 완성한 초격차 기술과 신비한 물질이 아무런 효과도 발휘하지 않고 소멸시킨다는 것은, 매우 큰 손실로 생각되어 그 누구도 할 수 없다면 내가 직접 하기로 하였습니다.

아주 특별한 기술의 전수와 이수의 과정을 거쳐 찬란한 문화유산으로 남을 수 있도록 하는 것이, 내가 해야 할 일이라고 판단과 결정을 내리고 행동으로 실천해 나갈 것입니다.

23) 나의 목표가 무엇인지 알고 행동으로 실천합시다.

내가 추진하고 있는 일에 대한 단기, 중기, 장기 목표를 설정하고 차분하게 진행하고 있으며, 추진과정에서 많은 어려움이 있지만 극복해야 하는 것이고 끝까지 밀고 나가 성공을 이루게 할 것입니다.

일을 추진하는 과정에서 부딪치게 되는 시련과 고통을 참고 견뎌야 하는 것에 대해 그만두고 싶은 생각이 날 때도 있지만, 누군가 해야 할 일이라면 내가 하겠다고 결정을 내림에 따라 성공할 때까지 하는 것입니다.

누군가는 쉽고 편안한 길을 두고 어려운 길을 선택하여 고생하고 있다는 동정의 눈길을 보내고 있지만, 한 번 사는 인생인데 내가 해 보고 싶은 대로 끝까지 하는 것이 최선의 방법이라 여기고 있습니다.

나를 대신해 줄 수 있는 사람은 없다는 사실을 인지하고, 일을 하는 과정을 즐기고 함께 하는 동반자들과 어울리고, 잠시 멈춤을 통해 부족한 것은 채워가면서 나의 목표를 향해 묵묵히 가는 것을 흥미롭게 생각하려고 합니다.

목표와 목적을 행동으로 실천하는 것은 매우 중요하다.

24) 내가 정하는 것이 정답이며 그 길이 인생이다.

내가 정하는 기준이 정답이라고 생각하며 그 길이 인생길이라 여기고, 나만의 창조적 길을 개척하면서 살아가는 것이 최선의 방법으로 알고 확신과 자신감으로 세상을 주도해 나가려고 합니다.

그 누구도 나의 인생에 대해 간섭할 권리나 평가할 수 없다는 사실을 인지하고, 진정으로 내가 원하는 삶을 설계하고 두려움 없이 도전과 시도를 통해 얻어지는 성과와 결과를 받아들이고 감사하고 고마움을 느끼는 것이 좋습니다.

내가 올바르게 살아가기 위해서는 기준과 원칙 방향설정 절차와 순서에 의한 속도를 조절하고, 리듬에 맞추어 절제와 반복 훈련을 통해 몸과 마음을 단련시키고 행동으로 실천하는 나의 인생을 설계하고 실행하려고 합니다.

모든 것은 나의 판단과 결정에 의한 것이고 책임과 의무를 다하고 행동으로 실천한 결과에 대해 받아들이고 인정하고 세상을 통찰하면서, 있는 그대로 사실을 알아차리고 검토와 분석에 의한 깨달음으로 내가 해야 할 일을 수행하는 것이 바로 인생입니다.

2. 원칙

1) 나의 정체성을 알고 지킨다.
2) 나의 길을 선택하여 개척하면서 나아간다.
3) 중심을 잡고 흔들려도 제자리에 돌아올 수 있는 회복력을 갖춘다.
4) 기초자료 수집과 시장 상황을 분석하고 사업성을 검토한다.
5) 사업성검토 결과를 토대로 판단을 하고 계획서를 만든다.
6) 계획서에 따라 집행과 행동으로 실행을 한다.
7) 동반자의 선택은 처음과 끝이 똑같은 일관성을 유지한다.
8) 일을 하기 전에 업무와 역할을 분담 해 둔다.
9) 상식이 통하는 것을 대원칙으로 여기고 지킨다.
10) 공정을 바탕으로 기본계획을 수립한다.
11) 투명한 경영과 처음에 정해놓은 기준에 따른다.
12) 수익의 배분은 순이익을 기준으로 한다.
13) 거래 대금의 결제는 현금을 원칙으로 한다.
14) 계약내용을 준수하되 당일에 대금을 주고받는다.
15) 외상판매는 하지 않으며 재고를 가지고 간다.
16. 초격차 기술력에 대하여는 정해진 기준에 따라 보상해 준다.
17) 기술자와 연구원의 복지에 관한 기준을 정한다.
18) 조직관리 시스템을 구축하여 운영하고 세부기준을 정해 둔다.

19) 종사원의 생활안정과 복리후생에 관한 기준을 정해둔다.
20) 공로자에 대해 보상기준을 정해두고 집행한다.
21) 사업결과에 대한 복기와 피드백을 실현한다.
22) 남과 비교하지 않는다.
23) 걱정을 하지 않는다.
24) 탐욕을 부리지 않는다.

1) 나의 정체성을 알고 지킨다.

나의 본질에 대한 확실한 이해와 기준을 가지고 원칙을 만들고 지키는 것이, 나를 존중과 존경에 따라 존재의 이유와 가치를 유지할 수 있도록 하는 것입니다.

세상에서 나와 똑같은 사람은 없으며 유일한 존재로서 왜 태어났으며, 사명이 무엇인지 스스로 깨우치고 삶을 설계하고 올바른 방향을 잡아 나가는 것은 나의 권한과 의무라는 사실을 알아야 됩니다.

명확한 나의 기준에 따라 해야 할 일과, 해서는 안되는 일을 확실하게 구별하고, 몸과 마음을 하나로 모으고 직접 행동으로 실천하는 습관을 길러야 합니다.

구조 위에 방향을 정하고 리듬에 맞추어 흔들리더라도 추락하지 않도록 중심을 바로잡고, 반복과 훈련에 의한 나의 목표와 목적을 달성하는 끈기를 가지고 성공하는 그 날까지 끝까지 버티어야 됩니다.

스쳐지나가는 바람에 흔들려 쓰러져도 다시 일어나는 회복력을 갖추고, 누구에게나 똑같이 주어진 시간을 최대한 활용하여 원하는 것을 이루는 것이 인생입니다.

2) 나의 길을 선택하여 개척하면서 나아간다.

인생의 길은 남을 따라 가는 것이 아니라 스스로 개척하면서 시련과 고통의 과정을 거치며 경륜과 연륜을 쌓아가는 것이 참된 것이라 생각하며, 가는 길이 험하고 힘이 들더라도 그 자체를 즐겨야 합니다.

쉽고 편안한 길을 따라서 갈 것이 아니라 나의 의지와 자신감을 가지고 길을 개척하는 것이, 성취의 보람과 즐거움을 맛볼 수 있는 기회라고 말하고 싶습니다.

그동안에 살아오면서 편법과 불법을 통해 많은 돈을 벌 수 있는 기회를 접할 수 있었지만, 이렇게 사는 것이 정당한 것이 아니라는 판단을 하게 되어, 험하고 어려운 남들이 가기를 싫어하는 길을 선택한 경험을 가지고 있 습니다.

모든 것은 본인의 선택에 따라 만들어지는 것이며, 그 누구의 간섭이나 충고를 받아들일 의무는 없다고 생각하며, 나에게 주어진 권한과 시간을 활용하여 인류를 위해 무엇을 남기고 갈 것인가에 대해 깊이 생각해 보고, 나의 길을 만들고 찬란한 문화유산으로 남길 수 있는 흔적을 창조해야 됩니다.

3) 중심을 잡고 흔들려도 제자리에 돌아 올 수 있는 회복력을 갖춘다.

지금 어려운 상황을 겪고 있다면 중심을 잃고 흔들리면서 방황하고 있었다는 증거라고 생각하며, 나 또한 중심을 잃고 모든 것을 놓아버린 경험을 가지고 있습니다.

세상 일을 하면서 될 것이라는 우연한 기대나 남의 말에 유혹되어, 자기 중심을 잃어버리는 오류는 범하지 말아야 한다는 사실을 뼈저리게 느껴 보았습니다.

외부에 보이는 다른 사람들의 손에 들고 있는 것이 크게 보일 때가 있으며, 강력한 의지로 나를 지킨다고 하지만 친한 사람들의 달콤한 유혹에 넘어가 기준과 원칙이 무너지는 경험을 해본 적이 있다고 봅니다.

본래의 자리로 돌아가기 위해서는 내려놓고, 버리고 비워야 한다는 사실을 침묵과 여행을 통해 알아차리게 되었으며, 몸과 마음이 빈 공간으로 만들어져야 비로소 새롭게 채울 수 있게 됩니다.

성공에 이르기까지 수없이 넘어지고 일어나는 회복력을 기르고 자신의 중심을 바로 잡아야 합니다.

4) 기초자료 수집과 시장상황을 분석하고 사업성을 검토한다.

일을 시작하기 전에 충분한 시간을 가지고 기초자료를 수집하고, 시장 상황을 분석하고 면밀하게 사업성 검토를 하는 것은 누구나 다 알고 있다고 봅니다.

사업성 검토 과정에서는 일어날 수 있는 모든 상황을 유추하고, 가상적으로 현실을 대입해 보는 것도 좋다고 생각하며 특히 돌발적인 위험 발생에 관한 임의적인 대처 방안을 만들어 보는 것도 좋습니다.

사업계획의 수립과 실질적인 실행에 관한 판단과 결정에 필요한 명확한 수치로 표기하고, 진행 과정에서 일어날 수 있는 것에 대한 대비책과 사업성과에 관한 예측도 검토해야 됩니다.

그동안 다양한 형태의 일을 직접 수행해 보았으며, 사업을 시작하기 전에 사업성 검토는 필수사항이라는 사실을 인정하고, 기본 원칙을 정하고 누구나 지키는 기업문화로 정착될 수 있도록 지침을 만들어 두어야 합니다.

5) 사업성검토 결과를 토대로 판단을 하고 계획서를 만든다.

계획서의 작성은 사업성 검토 결과를 바탕으로 실행 가능성에 초점을 두고, 효율성과 지속가능성에 비중을 높이는 것이 좋다고 생각하며 실질적인 적용이 편리하도록 만들어야 합니다.

실행은 현장에서 일어나는 상황임을 고려하여 생동감 있게 작성하는 것이 바람직한 것으로 판단되며, 진행 과정에서 불편함이 없도록 불합리한 요소는 제거하고, 복잡한 구조를 단순화 형태로 만든 것은 효율성을 높일 수가 있습니다.

기획과 실행에 간격의 차이가 벌어지지 않도록 세밀한 부분까지 행동지침을 만드는 것도 하나의 방법이라 여기며, 책상에서만 기획 할 것이 아니라, 현장을 직접 방문하여 살아움직이는 것 같은 생명력을 불어넣어야 됩니다.

계획서에는 지나친 미사여구나 유추해석을 삼가고, 명확한 이해가 가능하도록 확실한 문장과 수치로 명시하는 것이 원칙이며, 보완적으로 사진으로 확인하는 것도 많은 도움이 될 것입니다.

6) 계획서에 따라 집행과 행동으로 실행을 한다.

사업계획서에 따라 행동으로 실천하는 과정에서 필요한 예산을 집행하는 원칙을 정해 두고, 일의 진척상황을 고려한 피와 같은 자금을 투입하여 원활한 활동을 보장해 주어야 합니다.

실행은 기획과 현장의 원활한 소통과 화합에 의한 통합적인 것으로, 지원과 성과로 결과가 만들어진다는 사실을 인정하고, 유기적인 협력을 통해 업무추진에 방해 요소가 없도록 조정과 조절을 하는 것이 매우 중요합니다.

개인적인 감정이나 업적을 만들려는 경쟁이 일어나지 않도록 경영자의 지도와 지원이 필요하며, 참여하는 종사원 모두가 하나가 될 수 있도록 확실한 원칙을 정해 두고 준수해야 됩니다.

모든 것의 결과는 행동에 의해 만들어지는 것이며, 일의 진행 과정에서 얼마만큼 정성을 다 하였는가에 대한 열정과 땀의 결실이라는 사실을 결코 잊어서는 안되며, 그 결과에 상응하는 보상과 격려를 아끼지 않아야 지속 가능성이 유지 된다고 봅니다.

7) 동반자의 선택은 처음과 끝이 똑같은 일관성을 유지한다.

살아가면서 동반자의 선택은 커다란 영향을 미친다는 사실을 인지하고, 신중하게 고르고 천성, 심성, 인성을 고려한 나와 함께 처음과 똑같은 상태로 갈 수 있는지 명확한 판단을 해보고 선택과 결정을 내려야 합니다.

그동안에 살면서 수 많은 사람들을 만나고 함께 뜻과 마음을 맞추어 보려고 노력해 본 경험이 누구나 가지고 있다고 생각되며, 다가오는 사람, 떠나가는 사람, 잠시 스쳐 지나가는 사람, 끝까지 남아서 나와 함께 할 사람으로 구별 해 볼 수 있습니다.

동반자라 함은 나와 함께 끝까지 갈 수 있는 사람으로서 시련과 고통을 같이 겪으면서 창조적 형태로 현실을 시각화 시키고, 세상을 널리 이롭게 할 수 있는 작품을 만들어 가는 것입니다.

상대가 나에게 맞출 때까지 기다리지 말고, 내가 그러한 조건을 갖추고 가슴을 열고 받아들이고, 호흡을 맞추어 나갈 수 있도록 길을 만들어 빈 공간에 자리를 내 주어야 합니다.

8) 일을 하기 전에 업무와 역할을 분담해 둔다.

일을 진행하면서 일어나는 분쟁을 사전에 예방하기 위해서는, 일을 하기 전에 각자 업무와 역할에 관하여 분담해 두고 문서화 시키는 것이 필요합니다.

말로 하는 것은 사라져 버려서 흔적이 없지만, 글과 수치를 표기한 명확한 근거를 명시한 문서를 작성해 두면, 분쟁이 발생하더라도 **빠르고 쉽게** 해결이 가능하게 됩니다.

거래에 있어서 계약서를 작성하는 것과 마찬가지로 일반적인 일을 같이 하면서, 명분과 실리 이익과 손실의 상황이 발생되면 분쟁이 일어나는 것도 수없이 보았던 기억이 있습니다.

업무에 관한 역할 분담과 책임과 의무에 관한 명확한 원칙을 정해 두면, 존중과 존경에 의한 질서가 확립되고, 좋은 일과 싫은 일이 돌발적으로 발생하더라도 **빠르게** 대처 할 수가 있습니다.

'때문에' 라는 원망을 하지 않도록 기본원칙을 정해 두고, 서로 지키는 문화를 만들면 더 좋은 환경과 밝고 맑은 분위기를 조성할 수 있다고 봅니다.

9) 상식이 통하는 것을 대원칙으로 여기고 지킨다.

가장 이상적인 사회는 상식이 통하는 것이며 법과 원칙을 지키면서도 기본 질서 확립과 여유와 평화가 존재할 수 있는 상태를 만들고, 누구나 자유롭게 활동할 수 있는 환경을 만들어야 합니다.

따뜻한 정이 넘치고 서로 믿어주고 안아주고 사랑하며 살 수 있는 환경을 일컬어 상식이 통하는 자연스러운 아름다운 사회라 말하며, 개인적 이기주의에서 벗어나 서로 존중과 존경이 살아움직이는 상황을 만들고 원칙으로 삼아야 할 것입니다.

그러나 세상을 돌아보면 불법과 편법 상식적으로 이해할 수 없는 거짓선전, 선동, 편 가르기, 내로남불 등 불합리한 요소들도 많이 보게 됩니다.

한꺼번에 모든 것을 다 고칠 수는 없지만, 작은 것 하나부터 변화시켜 나가는 노력이 필요하다고 생각하고 있으며, 나부터 용기를 내어 옳고바른마음 인성교육을 통해 상식이 기본이 되는 원칙을 세워나가려고 하고 있습니다.

10) 공정을 바탕으로 기본계획을 수립한다.

세상은 힘의 논리로 작동되고 있으나 나부터 라도 공정을 바탕으로 기본계획을 수립하고, 선의에 피해를 입는 사람이 없도록 할 것을 원칙으로 만들어 가고 있습니다.

사회구조상 동물의 세계와 마찬가지로 약육강식의 형태로 생태계가 만들어져 있다는 사실을 부정하지 않지만, 그래도 누군가는 약자의 편에서 일하고 공정을 바탕으로 질서를 확립할 수 있도록 해야 합니다.

특별한 찬스를 사용할 수 없는 상황에 놓여 있는 약자의 심성을 이해하고, 스스로 일어날 수 있는 환경을 조성하고, 교육과 훈련을 통해 자질을 높이고 기술력을 확보하여 사회에 참여하고, 독보적인 영향력을 행사할 수 있도록 지원해 주어야 됩니다.

그동안에 살아오면서 공정하지 못한 형태를 많이 보아왔지만, 혼자의 힘으로 본래의 자리로 되돌릴 수 없다는 사실을 매우 안타깝게 생각하였습니다.

그래도 이 세상에는 좋은 사람들이 더 많으며, 잠시 흐트러져 있을 수 있어도 회복력으로 제자리에 와야 합니다.

11) 투명한 경영과 처음에 정해놓은 기준에 따른다.

어떠한 일을 하더라도 투명한 경영을 통해 동참자들로 하여금 응원과 지원을 받으며, 일할 수 있는 환경을 조성하고 처음에 정해 놓은 기준을 지키는 것을 원칙으로 삼아야 합니다.

모든 분쟁이나 싸움의 불씨는 작은 것에서 출발하는 것으로, 누구나 분명히 확인할 수 있고 설명하지 않아도 이해할 수 있는 상황을 만들어 공개하는 것이 바람직하다고 생각됩니다.

나부터 공정하게 일을 처리해 나가면 그 무엇도 두려울 것이 없고, 자심감과 확신을 가지고 당당하게 일할 수 있다는 사실을 인정하고, 투명을 증명하는 의미로 명확한 수치로 표기하는 습관을 길러야 하겠습니다.

누가 있거나, 보거나 말거나, 투명한 상태를 유지하면, 그 어떤 두려움이나 방해 받지 않고 원하는 방향으로 이끌어 나갈 수 있다는 사실을 믿어야 합니다.

그 누구에도 의심받을 행위를 하지 않도록 나를 바로 세우고 옳고바른마음을 생활화 합시다.

12) 수익의 배분은 순이익을 기준으로 한다.

그동안에 수많은 거래와 접목과 협업을 해 보았던 경험을 가지고 있으며, 그 중에서도 가장 좋다고 생각하는 것은 사업의 정산을 하면서 수익의 배분은 순이익을 기준으로 하는 것이였습니다.

수익이 발생하면 누구나 욕심이 발동되어 조금 더 가지려는 생각을 하게 되는데, 이러한 현상을 원천적으로 봉쇄하기 위해 일을 진행하기 전에 배분에 관한 원칙을 문서화시켜 두었습니다.

이러한 원칙을 사용하게 된 동기는, 어린시절 시골에서 물고기를 잡아서 인원수에 맞추어 나누어 가위, 바위, 보로 결정하는 형식을 적용하여, 대기업을 포함한 나와의 거래는 순이익 기준을 적용하여 문제점이 발생하지 않고 좋은 관계를 지속할 수가 있었습니다.

본 방식은 앞으로도 계속해서 적용할 예정이며, 그 누구도 손해 보는 사람 없이 만족할 수 있는 이상적인 것이라 생각하고 있습니다.

좋은 방법은 지속적으로 이어 나갈 수 있도록 지키고 인정해 주어야 합니다.

13) 거래 대금의 결제는 현금을 원칙으로 한다.

상품을 거래하고 대금을 수령하는 것은 생존에 관한 것이며, 적기에 수령하지 못하면 회사 운영에 막대한 지장을 초래하거나 심지어 도산에 이르기도 합니다.

나 또한 사업을 하면서 제대로 대금을 받지 못하여 몇 차례에 걸쳐 어려운 상황을 겪게 되었고, 바닥까지 추락하여 다시 제자리로 돌아오지 못하고 헤매고 다닌 세월이 참 길었습니다.

세상에 태어나 빚지고 갈 수는 없다는 생각에 나를 새롭게 바꾸고, 제자리에 돌아가는 회복력을 가지고 노력하고 있으며 성공할 때까지 한다는 신념을 가지고 지금도 변함없이 도전과 시도를 진행하고 있습니다.

실수를 반복하지 않기 위해서 외상으로 상품을 판매하지 않으며, 대금의 결제는 현금을 주고 받는 것을 원칙으로 만들어 놓고 있습니다.

경험에 의해 아픔을 지속시키지 않기 위해 나부터 거래대금은 약속한 당일 오전에 송금해 주는 것을 원칙으로 만들어 두고 실천하고 있습니다.

14) 계약내용을 준수하되 당일에 대금을 주고받는다.

거래의 형태는 다양한 것으로 대기업이나 공공기관 단체 등의 거래방식은 계약에 의한 것으로 되어 있어 인정을 하고 지정된 날짜에 대금을 수령합니다.

내가 납품을 받는 수직계열화, 출하약정, 위탁재배 등에는 지정된 기일에 정확하게 입금해 주는 것을 원칙으로 삼고 있습니다.

생활을 위한 경제활동을 하는데 있어서 성품의 거래는 필수사항으로, 거래에서 가장 중요한 것은 대금결제라는 사실을 인정하고 각별히 안전장치를 해 두어야 합니다.

사업에 관하여 절차와 순서에 따라 진행하지만 특히 대금결제에 관하여는 명확한 날짜를 명시하고, 모든 것은 수치로 표시하는 것이 중요하고 문제 및 분쟁발생에 대비한 책임한계를 분명히 해 두어야 됩니다.

좋은 거래관계를 형성하고 지속성을 유지하기 위해서는 시작 전에 명확한 기준과 원칙을 정하고 문서화 시키는 습관을 기르고 실행에 옮겨야 합니다.

15) 외상판매는 하지 않으며 재고를 가지고 간다.

기업체를 경영하는 과정에서 일어나는 판매를 수행하고 있어도, 재고가 쌓이거나 경영악화로 인하여 할인 판매를 해야 할 상황도 발생하게 됩니다.

그렇더라도 외상으로 상품을 판매하여 대금을 수령하는데 신경을 쓰고, 불필요한 시간을 낭비하는 우를 범하지 않아야 된다고 경험해 본 결과를 말씀드리고 싶습니다.

손실을 감수하고 재정비 차원에서 시장을 흐리게 하는 파격적인 할인판매 보다는, 지원이 필요한 단체에 기부하는 것이 낫다고 생각하고 있습니다.

나의 경험상으로 비추어 볼 때 외상으로 공급하고 대금을 수령하기 위해 들이는 시간, 노력이 너무나도 어렵고 안타깝다는 생각이 들고, 정신적인 피해까지 받게 되는 상황을 고려하여야 합니다.

결국에 가서는 해결을 하지 못하고 흑자도산이라는 처참한 상황을 겪고 파산 회생의 단계까지 가 보았으며, 투자에 관하여도 정확한 판단과 결정을 내릴 수 있도록 공부하고 훈련을 해 두어야 됩니다.

16) 기술력에 대해 정해진 기준에 따라 보상해 준다.

지금은 혼자서 해결할 수 있는 일이 거의 없다는 사실을 인정하고, 접목과 협업에 의한 상승효과를 만드는 화합과 통합의 경영이 필요한 시대이며 각자의 맡은바 임무와 역할을 분담해야 합니다.

기술지원을 받아야 하는 상황이 발생되면 미리 기준을 정하고, 그에 따라 보상을 해 주는 원칙을 만들어 두고 실제로 집행을 해야 지속적인 관계를 유지할 수가 있습니다.

기술에 관한 협력이나 협업이 어려운 것이 사실이나 명확한 기준과 원칙을 정하고, 보상과 책임한계를 설정하고, 정해진 원칙에 따라 집행을 하면 어려움이 없다고 생각 합니다.

사업을 진행하는 과정에서 일어나는 문제점에 대하여는 상호간에 대화와 소통으로 풀어나가고, 기술자의 안정된 생활의 보장과 연구에 필요한 지원을 아끼지 말아야 합니다.

모든 분쟁의 소지는 형평성과 투명성이 부족한 것이라 생각되며 양보의 미덕을 발휘해야 됩니다.

17) 기술자와 연구원의 복지에 관한 기준을 정한다.

기업체에 종사하는 종업원의 처우와 복지에 관한 기준을 정해 두고 섭섭하지 않도록 예우를 하고, 내 가족과 같이 대해 주는 것이 필요하다고 생각되며, 특별한 기술을 보유한 기술자와 연구원에 대하여는 성과에 대한 보상의 기준을 만들어 두어야 합니다.

그 동안의 경험을 비추어 볼 때 특별한 재능을 소지하고 있는 사람들은 마치 유리그릇과 같아서 조심하게 다루지 않으면 상처가 나고 깨어져 못 쓰게 된다는 사실을 알게 되었습니다.

그래도 이끌어가는 지도자의 역량에 따라 다르기도 하지만 결코 쉽지 않다는 사실을 인정하고, 소통과 화합에 의한 마음의 문을 열고 몸과 마음이 하나 될 수 있도록 각별한 주의가 필요합니다.

일을 함께 한다는 것은 서로 간에 믿음과 아껴주는 마음이 있어야 하고, 존중과 존경을 바탕으로 기본적인 예의를 갖추고 상대의 약한 부분은 건드리지 말고, 칭찬과 응원해 주는 습관을 기르는 것이 좋습니다.

18) 조직관리 시스템을 구축하여 운영하고 세부기준을 정해 둔다.

일을 하기 위해서는 조직을 구성하고 관리시스템을 구축하여 운영하는 것이며, 이에 따르는 세부적인 기준을 마련해 두고 지휘와 통제를 하면서 성과를 만들어 내는 것입니다.

종사자의 마음가짐에 따라 나타나는 현상이 다르고 결과에 미치는 영향이 크다고 생각하며, 각자의 능력을 최대한으로 발휘할 수 있도록 환경을 조성하고 분위기를 자연스럽게 한다면 상상하는 이상의 결과를 얻을 수 있다고 봅니다.

그 동안의 경험에 비추어 보면 다양한 형태의 사람들과 어울리고 여러가지 일을 수행하였으며, 그 결과 또한 가지각색 이였다는 기억이 남아 있으며, 어떻게 하는 것이 가장 바람직한 방법인지를 알게 되어 지금이 순간부터 적용하기로 판단과 결정을 내렸습니다.

조직관리에 관하여 다양한 방법을 적용하고 시도할 수 있지만, 그래도 사람의 마음을 움직이는 것이 가장 좋은 것이라 생각하며 실제로 적용해 나갈 것입니다.

19) 종사원의 생활안정과 복리후생의 기준을 정해 둔다.

지구촌에 태어나 살아간다는 것은 행복하기 위한 것이라 생각되며 따라서 함께 한솥밥을 먹고 있다면, 기본적인 생활안정과 인간답게 살아갈 수 있도록 복리후생과 환경을 조성해 주어야 합니다.

화려한 것도 좋지만, 이만하면 감사하고 고맙게 생각할 수 있을 정도로 최소한의 종사원에 대한 생활안정과 복리후생에 관한 기준을 마련해 두어야 할 것입니다.

회사를 성장시키는 힘은 종사원들의 능력과 일하는 자에 달려 있다고 생각되며, 내 것과 같이 아끼고 사랑하는 마음으로 일을 한다며, 결과로 나타나는 성과는 크게 달라진다고 생각합니다.

경영자와 종사원간의 소통과 화합이 이루어지고 목표달성하게 된다면 당연히 가능한 것이라 생각하며, 기업문화를 이해하고 열정을 다하고, 복리후생을 통하여 처우를 개선해 준다면 실현이 가능하다고 봅니다.

지금은 일하는 방법이 획일적인 것이 아니고, 때와 장소에 구애 받지 않고 자율적으로 수행하고 있으며, 정해진 시간에 성과를 만드는 것입니다.

20) 공로자에 대해 보상기준을 정해두고 집행한다.

회사의 발전과 탁월한 능력을 발휘하여 성과를 만든 공로자에 대한 보상기준을 정해 두고, 연구개발과 제도개선에 의한 지속적인 발전을 구축한다는 것은 아주 좋은 현상입니다.

나 또한 산업화 발전과정에서 직장생활을 하면서 개선할 사항에 관한 의견을 제시하여 채택 된 것에 대한 제안상과 상금을 수령해 본 기억이 아직도 생생하게 그려지며, 참 좋은 제도라고 생각하고 있습니다.

살아가면서 실수나 잘못에 의한 욕을 먹는 경우는 많이 있는데, 칭찬이나 포상에 관하여는 왠지 부족한 점이 많이 있다는 생각이 들어서, 지금 이 순간부터는 잘 한 것에 대한 아낌없는 칭찬과 자랑을 할 수 있는 상황을 만들어 가기로 하였습니다.

지금 우리가 준비하고 있는 글로벌 인성문화대축제를 통하여 자신이 가지고 있는 끼를 발산하고, 특별한 재능을 발휘할 수 있는 터전을 만들고, 연예인으로 활동할 수 있는 길을 열어주고, 많은 사람들에게 즐거움과 기쁨을 선물할 수 있도록 추진하고 있습니다.

21) 사업결과에 대한 복기와 피드백을 실현한다.

사업결과에 대한 분석을 위해 복기작업을 수행해 보고, 잘 된 점과 잘못된 것에 대한 원인과 이유를 파악해 보고 재발방지를 위한 대책을 수립하여야 합니다.

우리는 실수를 통해 배우고 반복과 훈련에 의해 발전한다는 생각을 하면서도 행동으로 실천하지 않고, 그냥 문제를 해결하지 않고 흘려보내는 것이 더 큰 손실로 작용하게 됩니다.

사업을 진행하는 과정에서 나타난 현상에 대하여 정확한 원인과 이유를 분석해 보고 해결방안을 제시 한다면, 업무의 효율성과 가치를 높이고 지속가능성을 만들 수 있다고 봅니다.

성공에 대한 달콤함과 성과의 열매를 따먹는 것에 심취하여 잘못 된 실수나 오류를 바로잡지 않으려는 생각을 버리고, 깊이 반성하고 경쟁자들과 싸워서 조금도 뒤지지 않는 대책을 강구하고, 초격차 기술 연구개발을 통해 시장지배력을 강화시켜야 합니다.

우리는 실수를 통해 배우고, 사업결과의 복기와 피드백을 통해 발전한다는 것을 반성하고 개선해야 합니다.

22) 남과 비교하지 않는다.

인간의 본질과 인성에 관하여 생각해보면 남들과 비교하는 동시에 불행해 진다는 사실을 알아차리고, 나만의 정체성을 만들고 행동으로 실천하는 습관을 들이는 것이 매우 중요한 것입니다.

세상에 나를 대신해 줄 사람은 아무도 없다는 믿음과 나에게 관심을 가지고 있는 사람이 극히 드물다는 것을 인정하고, 외부에서 일어나는 현상에 대하여 민감하게 반응하지 말고 조용히 관찰하는 자세가 필요합니다.

남들은 아무런 관심도 없는데도 불구하고, 나 혼자서 남들과 비교를 해보는 나쁜 버릇이 있어 진정한 나를 잃어버리고 중심을 잡지 못하고 흔들리고, 부서지고, 넘어지고 추락하게 되는 것입니다.

나를 바꾸고 본래의 모습으로 돌아가기 위해서는 기준과 원칙을 세우고, 구조위에 방향을 설정하고, 리듬에 따라 흔들고 춤추며 진행하는 것이라 생각합니다.

나를 바로 세우면 세상을 바꾸고 널리 이롭게 할 수 있다는 긍정적인 마음을 가집시다.

23) 걱정을 하지 않는다.

살아가면서 일어나지도 않을 걱정을 하느라 많은 시간을 낭비하고 있다는 사실을 알고 있는 사람이 드물다는 것이 매우 안타까운 일이라 생각하며, 제발 그냥 있는 그대로 관찰하고 알아차릴 것을 부탁드리고 싶습니다.

걱정에서 벗어나는 가장 바람직한 방법은, 자리에서 일어나 몸을 움직이고 직접적으로 행동으로 실천하는 도전과 시도하는 것이라 생각합니다.

아무리 좋은 것도 머릿속에서 생각하고 행동하지 않으면 아무런 일도 일어나지 않는다는 사실을 누구나 알고 있으면서도, 괜한 걱정을 함으로서 나를 괴롭히고 앞으로 나갈 수 없도록 붙잡게 되는 것입니다.

걱정하는 나쁜 버릇을 고치기 위해서는 지금 이 순간부터 생각이 떠오르면 바로 자리에서 일어나 밖으로 나가는 연습부터 해보기를 권하는 바입니다.

나 자신을 믿고 내가 원하는 방향으로 걸어가면서 직접 부딪쳐 보면 걱정했던 것이, 아무것도 아니고 현실로 일어나지 않는다는 사실을 확인해 볼 수 있습니다.

24) 탐욕을 부리지 않는다.

나하고 아무런 상관이 없는 일인데도 불구하고 욕심이 발동하여 탐욕을 부리는 현상을 많이 보면서 참으로 한심하다는 생각을 하게 되었습니다.

내가 직접 참여하지 않고 아무런 도움을 주지 못한 상태에서 탐욕을 부리는 행위는 삼가야 하는 것이며, 이 세상에는 할 일이 무궁무진하고 재정적인 자유를 얻을 수 있는 방법도 많이 있습니다.

세상이 바뀌고 새로운 시대가 열린다고 하더라도 나에게 맞는 일을 찾고, 글로벌 경제영토를 확보할 대책을 강구하는 것이 바람직하다고 생각하며, 정신을 바짝 차리고 나의 중심을 잡읍시다.

피와 땀과 노력하지 않고 얻으려고 탐욕을 부리는 행위는 도적질과 같은 것으로, 인간으로서 절대로 해서는 안되는 것이라고 판단되며 진정한 나를 찾아 가는 회복력을 살려야 할 것입니다.

아무리 배가 고파도 아무런 음식을 먹지 말고, 내 것이 아닌데 탐욕을 부리지 말고 눈빛조차 가까이 하지 맙시다.

3. 방향

1) 나의 독창적이고 창의적인 방향을 설정한다.
2) 진행하는 목표와 목적에 적합한 방향을 정한다.
3) 내가 원하는 방향으로 이끌 수 있는 것으로 선택한다.
4) 일을 진행하는 방향에 따라 사회에 미치는 영향을 고려한다.
5) 지금 이 시대에 맞는 방향으로 가고 있는가?
6) 목표하는 소비계층은 어디인가?
7) 원하는 목표는 무엇인가?
8) 목적 달성을 위한 대책방안은 무엇인가?
9) 이 사업자체가 인류를 위한 사업인가?
10 이 일을 추진함으로서 환경에 미치는 영향은 무엇인가?
11) 글로벌시장 확대가 가능한 것인가?
12) 수익률은 지속 가능성이 있는가?
13) 인공지능과 접목이 가능한 것인가?
14) 로봇산업을 적용할 수 있는 것인가?
15) 원부재료 조달에 어려움은 없는가?
16) 국제환경 규제에 해당 되는지와 해결 방법은?
17) 상품판매 후 대금수령에 문제는 없는지?
18) 자금의 조달과 집행에 어려움은 없는가?
19) 나의 생각과 마음을 글쓰기로 남겨둔다.

20) 좋은 생각과 많은 사람들에게 전파할 문장을 메모하고 알린다.
21) 관찰을 통해 중요하고 가치 있는 것은 사진을 찍어서 남긴다.
22) 경제적 자유를 실현한다.
23) 시간적 자유를 구현한다.
24) 환경적 자유를 구현한다.

1) 나의 독창적이고 창의적인 방향을 설정한다.

인생을 살아가는데 있어서 방향은 매우 중요한 요소라 생각하고 있으며, 나의 독창적이고 창의적인 방향을 설정하고, 절차와 순서에 따라 속도를 조절하면서, 행동으로 실천하여 결과를 만들려고 노력하고 있습니다.

그 동안에 살아오면서 속도가 중요한 것으로 생각하여 무작정 달리고 또 달려 보았지만, 방향이 정확해야 결과를 만들 수 있다는 깨달음을 얻게 되어 구조 위에 방향을 정하고 리듬에 맞추어 가려는 것입니다.

내가 지금 걸어가는 방향이 맞는지 수시로 위치를 확인해 보지만, 외부의 영향에 의해 자주 흔들리고 추락하지 않기 위해 중심잡기를 하면서 의지와 자신감을 가지고 살아가고 있습니다.

이 세상에는 나를 대신해 줄 수 없다는 사실을 인지하고 있기에 더욱더 나를 사랑하고, 한 번 사는 인생 나의 독창적이고 창의적인 형태로 만들려고 노력하는 것입니다.

사는 것은 정답이 없다고 하지만 나의 정체성과 올바른 방향을 정하고 꿈과 희망을 실현해야 합니다.

2) 진행하는 목표와 목적에 적합한 방향을 정한다.

내가 진행하고 있는 일의 목표와 목적을 가지고 있다면, 명확한 방향을 정하는 것은 매우 중요한 것으로 인식하고, 기준과 원칙을 세우고 나아가는 방향을 바로잡아야 합니다.

목표점에 도달하는 방법에는 다양한 형태가 있지만, 인생에서 길을 잃지 않기 위해서는 지금 내가 가고 있는 방향이 정확한 것인지 수시로 확인해 볼 필요가 있다고 생각됩니다.

그 어떤 것도 쉽게 이룰 수 없다는 생각을 한다면, 정확한 방향을 설정하는 것이야 말로 내가 원하는 것을 빠르게 얻고 효율성과 가치를 높일 수 있다고 판단되며, 목적을 달성하기 위한 정확한 방향을 만들어서 진행합시다.

각자 인생의 나침반을 가지고 있지만 사용방법을 모르거나, 본질과 핵심을 파악하지 못하고 방황하게 된다면, 엉뚱한 곳에서 시련과 고통을 겪게 된다는 사실을 알아 차리고, 나에게 맞는 방향을 설정하고 누가 뭐라고 하든지 간에 꿋꿋이 걸어갑시다.

3) 내가 원하는 방향으로 이끌 수 있는 것으로 선택한다.

내가 원하는 방향으로 선택할 수 있는 권한은 각자의 몫이라 생각하고 있으며, 남들이 가는 길을 따라서 갈 것이 아니라 조금 어렵고 힘이 들더라도 내가 이끌어 나갈 수 있는 길을 선택하는 것이 좋습니다.

처음부터 방향을 제대로 잡지 못하면 가다가 다시 돌아와 길을 찾고, 처음부터 다시 시작해야 한다는 생각을 가지고 방향을 설정하는 선택은 신중히 고려하는 것이 필요 합니다.

그동안에 살면서 다양한 형태의 방향을 정하여 도전과 시도를 해 보았지만, 바로 이것이라고 명쾌한 답을 낼 수가 없었으며, 경륜과 연륜이 쌓인 황금기에 이르러 해야 할 것과, 해서는 안되는 것을 구별할 줄 아는 눈을 가지게 되었습니다.

지금 이 순간부터 남아있는 시간을 가치와 보람있게 활용하기 위해 꼭 해야 할 일에 집중하기로 하였으며, 내려놓고, 버리고, 비워서 빈 공간을 만들어 두게 되었으며, 알차게 채우기 위한 명확한 방향을 세우게 될 것입니다.

4) 일을 진행하는 방향에 따라 사회에 미치는 영향을 고려한다.

내가 이 일을 진행함으로서 사회에 미치는 영향을 고려한 방향을 설정하기로 마음먹고, 기초자료 수집과 관찰에 의한 분석을 하고 명확한 판단과 결정을 내리는 훈련을 진행하고 있습니다.

나의 결정과 행동하는 방향에 따라 모든 상황이 바뀌게 된다는 사실을 인정하고 있으며, 내가 원하는 방향으로 가고 있는지 수시로 점검하고 확인해야 흔들려도 중심을 잃어버리지 않고 갈 수 있다는 것을 경험을 통해 알 수가 있었습니다.

지나간 과거는 돌이킬 수 없는 것으로 아름다운 추억으로 남겨두고, 지금 이 순간에 내가 정하는 방향에 따라 사회에 미치는 영향을 고려하여 세상을 널리 이롭게 하고 밝고맑은 세상으로 이끌어 나갈 수 있는 것이 최선의 방법이라 생각합니다.

나의 성공이 인류에 공헌과 봉사할 수 있는 길을 만들고, 창조적 작품을 현실로 구현하여 시각화 시킬 수 있는 완성된 작품으로 보여줄 수 있다면 다행으로 생각합니다.

5) 지금 이 시대에 맞는 방향으로 가고 있는가?

세상은 잠시도 멈추지 않고 끊임없이 변화되고 있다는 사실을 인정하고 있으며, 지금 이 시대 AI인공지능 로봇산업 등 새로운 세상이 열리고 있는 이 시점에, 내가 가고 있는 방향이 맞는지 점검해 보고 있습니다.

우리는 참으로 짧은 시간에 수많은 변화를 겪고 있는 세대로 변화에 맞추느라 숨가쁘게 움직이고, 생존을 위한 도전과 시도를 하면서 살아왔으며, 여유와 평화를 생각해 볼 시간이 없었습니다.

이제 인생의 황금기를 맞이하여 또 다른 시대를 맞이하게 됨에 따라, 뒤쳐지지 않기 위해 공부하고 새로운 것을 받아들이고, 나에게 적합한 방향을 설정하기 위해 노력하고 있습니다.

지금의 상황에 대해 그 어떤 불만이나 평가를 할 것이 아니라, 살아남기 위한 또 다른 전쟁을 치르고 있다는 생각을 가지고 색다른 경험을 해보기 위한 도전을 멈추지 않고 있습니다.

세상을 원망하거나 두려워할 것이 아니라 변화의 상황을 즐기고 동참하는 자세가 필요합니다.

6) 목표하는 소비계층은 어디인가?

살아있는 동안에는 생활비, 세금과 보험 품위유지비, 세 가지는 필수요소로, 누구에게나 적용되고 있음에 따라 경제적 자유를 실현해야 하는 것이라 생각하며 경제 활동을 하고 있습니다.

내가 일하고 있는 상태에서 재정적 수익을 얻기 위한 목표와 소비계층은 어디인가를 미리 정해 두고, 집중과 몰입을 하는 것이 필요하다고 생각하며, 젊은 시절과 같이 왕성한 활동은 하지 못할지라도 경륜과 연륜에 의해 축적된 능력은 발휘할 수 있다고 봅니다.

나이가 들어 몸이 늙는 것은 당연한 것으로 받아들이고 그래도 마음만은 청춘이라고 생각하고, 두려워하지 말고 완벽하게 하려고 애쓰지 말고, 이런저런 핑계도 대지 말고 내가 할 수 있는 최선을 다하는 것이 좋습니다.

내가 하는 일이 특수한 계층에 국한되지 않고 누구나에게 혜택을 줄 수 있는 방향으로 목표를 설정하고, 남아 있는 시간을 활용하여 실질적인 도움이 되도록 노력하고 있습니다.

7) 원하는 목표는 무엇인가?

인생에서 진심으로 원하는 목표가 무엇인지 질문을 해보면 정확한 답변을 자신 있게 표현하는 사람을 찾기는 어려운 것이며, 그냥 자연과 함께 더불어 물처럼 흘러가고 있는 것이라 말합니다.

내가 원하는 목표는 "건강하고 행복한 아름다운 세상 만들기"라는 슬로건을 가지고, 비가오나, 눈이오나, 바람이 부나 계절이 바뀌고 세월이 흘러도 변함없이 꿋꿋이 추진하고 있음에 자부심을 가지고 있습니다.

나를 알고 있는 사람들이 말하기를 쉽고 편안한 길을 두고 왜 그렇게 어려운 길을 선택하여 시련과 고통을 겪느냐고 애처로운 눈길을 보내고, 한심스럽고 안타깝다는 표현을 하지만 아랑곳하지 않고 나의 길을 갑니다.

결코 쉽고 편안한 길이 좋다고 생각하지 않으며, 나의 의지와 확신과 자신감을 가지고 나답게 살아간다는 것은 용기이고, 아주 멋있는 행동이라고 생각하고 기쁘게 받아들이고 있습니다.

8) 목적 달성을 위한 대책방안은 무엇인가?

누구에게나 이루고자 하는 꿈과 희망이 있고, 지구존에 내어난 사명이 무엇이고, 달성하고자 하는 목적이 무엇인지 자기만이 가지고 있는 특성이 있다고 생각하며 존중해 주려고 합니다.

나와 똑같아지기를 원하지 않는 것과 마찬가지로 남을 따라가지도 않고, 나의 독창적이고 창의적인 목표와 목적을 가지고 살아가는 것이 인생이라 여기고, 내가 할 수 있는 최선을 다하는 것을 기쁘게 여기고 있습니다.

각 목표달성 방법에는 차이가 있다는 것을 인정해 주고, 간섭이나 평가하지 말고 그냥 내버려 두고, 조용히 지켜보는 것이 상대를 도와주는 것이고, 나 또한 방해를 받지 않는 유일한 방법이라 생각합니다.

목적달성에 관한 대책은 실제로 행동으로 실천하는 과정에서 나타나는 것으로서, 미세한 변화의 움직임을 포착하고 시대적 상황 변화에 따라 적극적인 자세로 대처하는 것이라 봅니다.

9) 이 사업자체가 인류를 위한 사업인가?

일을 진행하고 있음에도 불구하고, 자신에 대한 믿음과 확신이 부족하여 이 사업자체가 내가 원하는 방향이고 인류를 위한 것인가에 대해 의심이 생길 때가 있으며, 이러한 현상에서 벗어나는 습관을 길러야 됩니다.

세상에는 완벽한 것이 없으며 부족한 것을 채워가면서 원하는 작품의 완성도를 높이고, 나의 열정과 피와 땀을 쏟아부어 위대한 작품이 탄생하는 것이라 생각하고, 누구의 눈치도 볼 것 없이 묵묵히 나의 길을 가야 합니다.

때로는 일하는 과정에서 피로와 회의감이 들어 포기하고 싶은 순간이 찾아오지만, 잠시 멈춤을 통해 본질과 핵심이 무엇인지 파악하고 본래의 자리로 돌아가는 회복력을 길러야 됩니다.

지금 이 일을 왜 하는지 의문이 들고 피로감이 몰려오더라도, 나의 작은 노력이 인류를 위한 큰 힘이 된다는 자부심을 가지고 끝까지 밀어부치고, 성공을 이루어야 합니다.

10) 이 일을 추진함으로서 환경에 미치는 영향은 무엇인가?

지구촌 환경에 대한 관심이 높아지고 보존을 위한 제도적 장치가 마련되어 있어, 탄소배출권 등 법과 규정에 따라 집행되는 사항을 고려해야 됩니다.

사업의 진행을 위해 반드시 넘어야할 산과 같은 것이 환경이라고 생각되며, 지금 이 일을 추진함에 있어 환경에 미치는 영향을 고려하고 대책을 만들어야 원활한 업무추진이 가능한 것입니다.

세상을 살아가면서 질서를 지키고 수익을 창출한다는 것은 결코 쉬운 일이 아니라는 것을 알고 있기에, 더욱더 면밀한 검토와 해결대책을 미리 만들어 두어야 합니다.

자연의 보존가치와 환경에 인간에게 주는 혜택을 고려하여 누구나 함께 힘을 모아서 깨끗한 환경보존과 피해를 사전에 방지할 수 있도록, 교육과 지도를 통해 행동으로 실천하는 습관을 길러야 됩니다.

무심코 한 행동이 환경에 큰 피해를 줄 수 있다는 생각을 가지고 안전하게 지키는 방법을 생활화 합시다.

11) 글로벌시장 영토 확장이 가능한 것인가?

지구촌이 하나로 통합되는 시대로 변화하고 있음에 따라 작은 울타리에 머물러 있을 것이 아니라, 글로벌 시장에 영토를 확장할 수 있는 대책을 세우고 지배력을 강화 시켜야 됩니다.

글로벌 시장의 장악은 초격차 기술과, 그 누구도 따라할 수 없는 독점적인 영향력을 행사할 수 있는 상품을 보유하고, 소비자가 필수적으로 구매하지 않으면 안된다는 인식을 가지고 있어야 가능한 것입니다.

따라서 그동안에 축적된 경험과 기술을 토대로 천연기념물과 인간문화재급에 해당하는 우수한 인재로 하여금 획기적인 상품을 만들고, 소비자의 인기상품으로 자리매김 함과 동시에 명품으로 인정받을 수 있도록 할 것입니다.

세상은 지배자와 종속자로 구별할 수 있으며, 경쟁에 의해 살아남는 자만이 시장을 독점할 수 있는 권한을 가지고 영향력을 행사한다는 사실을 인지하고, 내가 그 주인공이 되도록 노력하는 것입니다.

12) 수익률은 지속 가능성이 있는가?

사업체의 존속과 지속가능성은 수익에 바탕을 두고 있으며 시장에서 살아남기 위해서는 신제품을 지속적으로 출시하고 충성스러운 고객을 확보하여 선순환구조를 만들어야 합니다.

세상은 생존경쟁이 치열한 곳으로, 조금도 방심할 수 없는 상태에서 시장을 지배할 수 있는 능력을 기르고, 충성 고객들의 지속적인 구매와 공급자의 서비스 제공이 감동, 감격, 감탄의 소리가 울려퍼지도록 해야 됩니다.

지속 가능성을 유지하기 위해서는 끊임없는 연구개발과 상품의 품질향상을 통해 고객의 마음을 사로잡고, 반드시 구매하는 상품으로 자리매김 해야 되는 것이며 소비자가 원하는 것이 무엇인지 정확히 파악해야 합니다.

사장에는 수많은 상품이 진열되어 있으며, 소비자의 눈길을 끌고 매력적이라는 인상을 심어주고, 사고 싶은 충동이 일어날 수 있도록 상품의 디자인과 포장에 특별한 대책을 세워야 할 것입니다.

13) 인공지능과 접목이 가능한 것인가?

시대의 변화에 발맞추어 나가기 위해서는 나를 바꾸고도 다른 배움을 시작하고 적응해 나가는 능력을 길러야 하고, 나이가 들어 몸이 불편하고 느리더라도 조금도 움츠리거나 위축되지 말아야 합니다.

지금 AI인공지능에 관심을 가지고 참여할 수 있도록 노력하고, 두려움 없이 도전과 시도를 해 보는 것이 유일한 방법이라고 생각하고, 실수를 하더라도 부끄러워하지 않고 당당하게 임하고 있습니다.

인간은 한 사람이 모든 것을 다 잘 할 수 없다는 것을 잘 알고 있으며, 지금 이 순간에 용기있게 자리에서 일어나 행동으로 옮기는 것이 최선의 방법이라고 말하고 싶습 니다.

자신감을 가지기 위해서는 직접 해 보는 것이며, 실수나 실패에 관하여 있는 그대로 받아드리면 되는 것이며, 조금도 어색하거나 부끄러워 할 필요는 없다고 생각합니다.

내가 직접 할 수 없는 일이라 하더라도, 자식이나 손자손녀 젊은 사람들에게 협조를 구할 수 있고 도움을 받을 수가 있습니다.

14) 로봇산업을 적용할 수 있는 것인가?

내 인생에서 가장 많은 시간을 투자한 것은 식량자원과 먹을거리 유통에 관한 것으로, 수요와 공급의 균형을 맞추는 수급조절을 해 왔으며 다양한 형태에 직접 행동으로 실천해 보았습니다.

시대의 변화와 육체적인 힘으로 작동되는 일에 대해서는, 사람을 구하기 힘든 상황으로 바뀌게 됨에 따라 로봇을 생산현장에 투입해야 하는 상황을 맞이하고 있습니다.

노동생산성과 효율적인 상황을 분석해 보면, 사람보다는 로봇을 이용하는 것이 효용과 가치가 높아진다는 사실을 증명할 수가 있었으며. 새로운 시대상황에 맞추어 개선해 나가려고 합니다.

과거에 집착하지 말고 경험에 대한 애착이나 미련도 버리고 지금 상황에 맞는 형태로 나를 바꾸고, 새로운 현상을 받아들이고, 소득의 창출과 생활의 안정을 만들고 지속적인 발전이 가능하도록 노력해야 됩니다.

물이 한 곳에 고여 있으면 부패와 변질로 인하여 가치가 떨어지고, 버려야 하는 상황을 맞이하게 된다는 사실을 알아차리고 세상의 흐름에 따라 움직입시다.

15 원부재료 조달에 어려움은 없는가?

상품을 만들기 위해서는 원부재료가 있어야 가능한 것으로 확보에 어려움이 없어야 한다는 사실을 인지하고, 공급선을 다양화 시키고 원부재료 수급에 차질이 발생하지 않도록 하여야 합니다.

상품의 제조업에 종사해 보면 하나의 상품을 만들기 위해 필요한 소재는 수 백 가지가 필요하다는 것을 알수가 있으며, 내가 직접 생산 공장을 운영해 본 경험을 가지고 있습니다.

세상에는 내가 직접 해 본 것과, 해 보지 않은 것에 차이는 매우 큰 것이며, 경험을 해 보았으면 자신감을 가지고 있을 뿐만 아니라, 해야 할 일과 해서는 안되는 행동에 대해 명확한 기준을 세울 수 있습니다.

상품의 품질을 균일하게 유지하기 위해서는 원재료의 선택에 관하여 일관성을 유지하고, 동일한 품질 규격을 정해 두어야 합니다.

상품의 원가계산을 확실히 검토함과 동시에 원부재료에 관한 품질관리시스템을 구축하여 운영하는 것이 효율성과 지속가능성을 높일 수 있습니다.

16) 국내외 환경규제에 해당되는지와 해결 방법은?

사업을 추진하기 위해서는 법과 규정에 의한 규제와 지켜야 할 의무사항이 많이 있다는 것을 인지하고, 사전에 준비를 철저히 해야 합니다.

특히 환경문제에 관하여 국내외 법과 규제사항이 많다는 사실을 인정하고, 수출입 업무추진이나 협력 사업에 대해 사전 조사와 대응 방안을 만들어 두어야 됩니다.

결코 사업을 추진한다는 것은 단순한 것이 아니고, 공부하고 알아두어야 할 사항이 매우 많다는 것을 감수하고 있어야 원활하게 풀어나갈 수 있습니다.

법과 원칙규제를 두려워 할 것이 아니라 대응방안을 만들고 장벽을 넘어가면, 좋은 세상이 펼쳐진다는 희망을 가지고 긍정적인 태도와 평온한 마음을 가져야 됩니다.

어려운 상황을 맞이하면 회피하거나 도망갈 것이 아니라, 정면으로 부딪치고 장벽을 넘어서 극복을 한다면 더 많은 성취의 보람과 기쁨을 얻을 수 있습니다.

17) 상품판매 후 대금수령에 문제는 없는지?

사업의 방향을 결정하는데 있어서 중요한 요소로 확인해야 할 사항은, 상품의 판매 후 대금의 수령에 관한 안전관리는 내 책임임을 명심하고 철저한 준비를 해야 합니다.

상품을 판매하고 대금을 수령하지 못하면 경영상 많은 어려움이 발생되고, 운영관리 시스템에 제동이 걸리고 선순환 구조가 무너진다는 사실을 알아야 됩니다.

따라서 거래선 확보와 판매처의 비중을 한 곳에 집중하지 말고 골고루 분산시키는 것이 좋으며, 사업의 안정성을 유지하기 위한 예비비를 준비해 두어야 합니다.

나 또한 상품을 공급한 후에 대금을 수령하지 못한 경험이 있으며, 산지에 원재료 확보를 위해 계약생산에 필요한 선급금을 지급하였다가, 상대방이 다른 용도로 사용함에 따라 상품도 대금도 돌려받지 못하여 경영상 커다란 어려움과 금전적인 피해를 보았던 아픔이 있었습니다.

상품의 거래에 관한 운영시스템을 구축하여 현금 흐름이 원활하게 될 수 있도록 안전장치를 마련하고, 자금의 조달과 집행을 철저히 해야 합니다.

18) 자금의 조달과 집행에 어려움은 없는가?

사업을 추진하기 위해서는 많은 자금이 필요하며, 적기적소에 투입할 수 있는 자금을 확보하고, 수입과 지출에 관한 관리시스템을 구축하여 확실하게 집행을 해야 합니다.

자금은 피와 같은 것으로, 혈관을 타고 흐르는 속도와 양이 일정하고 막힘이 없어야 하는 것으로서 절제와 조절이 필요한 것입니다.

아무리 좋은 상황을 맞이하고 있더라도 현금 흐름이 원활하지 못하면 수익을 창출하기 어렵고, 경쟁사 하고도 가격경쟁에서 우위를 선점하기 어렵다는 생각을 가지고 철저한 관리를 해야 됩니다.

자금의 집행방법도 계약이나 약속을 철저히 지키고, 신용도를 높여야 되는 것이며, 지정된 날에는 연락이 오기 전에 대금을 입금해 주고, 그 사실을 알려주는 배려가 필요합니다.

자금의 집행과 조달에 관한 기준과 원칙을 정해 두고, 철저하게 이행함으로서 회사의 신뢰도를 높이고 거래관계를 지속할 수 있도록 해야 됩니다.

19) 나의 생각과 마음을 글쓰기로 남겨둔다.

말을 하고 나면 바람과 같이 사라지고 남아있지 않게 된다는 사실을 인지하고, 나의 생각과 마음을 글쓰기로 기록을 남기는 습관을 기르고 반복해야 합니다.

인생을 설계하고 일에 관한 기준과 원칙을 세우고, 행동으로 실천하는 과정에서 일어나는 사항들을 글쓰기를 통해 기록으로 남겨 두었다가 복기와 피드백으로 활용하는 것이 효율적입니다.

아무리 머리가 좋고 기억력이 발달되어 있더라도 인간의 두뇌는 한계가 있다는 것을 인정하고, 사실을 남겨두는 가장 바람직 방법은 글로서 표현하여 남겨두는 것이라고 판단되어 실제로 실천하고 있습니다.

세월은 물처럼 흘러가는 것이고, 기록으로 남겨서 역사적 가치를 발휘할 수 있다는 확신과 자신감을 가지고 행동으로 실천하여 습관이 될 수 있도록 하는 것이 좋습니다.

20) 좋은 생각이 떠오르면 세상에 전할 문장으로 기록하고 알린다.

좋은 인간관계를 형성하기 위해 소통의 방법으로 갑자기 좋은 생각이 떠오르면, 사라지기 전에 문장을 만들어 기록으로 남겨두었다가 세상 사람들에게 전하는 "오늘의 새마음"이라는 형태로 붓글씨를 써서 전하고 있습니다.

하루도 빠짐없이 아침에 일어나자마자 반복적으로 벌써부터 오랫동안 수행하고 있으며, 내 마음을 남에게 전하다 보니 나부터 훈련이 되고, 올바른 방향으로 마음자세를 갖출 수 있다는 결과를 얻게 되었습니다.

세상을 바꾸기 위해서는 나부터 바꾸어야 한다는 것을 직접 행동으로 실천함에 따라, 관찰을 통한 알아차림과 해야 할 일과 해서는 안 되는 일을 구별할 줄 아는 깨달음을 얻게 되는 것입니다.

누가 시켜서 하는 것이 아니라 자발적인 동기부여와 세상을 널리 이롭게 한다는 사명감과, 인류에 작은 헌신과 봉사를 통해 누구나 편안하게 활용할 수 있도록 정신적 보탬이 되었으면 하는 바람입니다.

21) 관찰을 통해 중요하고 가치 있는 것은 사진을 찍어서 남긴다.

세상을 돌아보면 관찰해 볼 것이 많이 있으며, 특별한 효율성과 가치가 있다고 판단되면 그 순간을 놓치지 말고, 휴대하고 다니는 폰을 이용하여 사진을 촬영한 후 자료로 활용하면 됩니다.

순간적으로 일어나는 자연 현상은 변화하는 광경을 포착하는 동시에, 사진촬영과 더불어 동영상으로 남길 필요가 있으며 자신의 판단을 통해 기록으로 남겨야 합니다.

모든 상황은 그대로 멈추어 있지 않고 변화된다는 사실을 인지하고, 관심을 가지고 관찰을 통해 보고, 듣고, 느끼고, 아름다움에 대한 예찬과 감동이 살아 숨쉴 수 있도록 감각을 살려야 할 것입니다.

특별하게 좋아하고 관심이 있는 것에 대하여는, 취미나 작품 활동으로 발전시키는 것도 좋은 방법 중의 하나라 생각하며 자신의 장점을 살리고, 직접 볼 수 없는 많은 사람들의 배려 차원에서 훌륭한 사진을 촬영하여 전파해 주는 기쁨을 누려야 됩니다.

22) 경제적 자유를 실현한다.

일상생활의 여유와 평화로운 상태를 누리기 위해서는 경제적 자유를 실현시켜야 하는 전제조건이 있으며, 부모로부터 재산을 물려받거나 탁월한 능력을 발휘하여 자수성가 하였거나 똑똑한 능력을 인정받아 권력을 잡게 된 상황으로 나누어 볼 수 있습니다.

자발적인 능력과 기술로 경제적 자유를 실현하는 방법으로는 자신이 가장 잘 할 수 있는 일에 집중하고 몰입하여 글로벌 경제영토를 확장 시키는 것이라 생각하고 있으며, 나 또한 지금도 도전과 시도를 진행하고 있습니다.

나의 인생을 통해 가장 많은 시간을 투자하고 눈 감고도 판단이 가능한 식량자원과 먹을거리, 유통분야 본래의 위치로 돌아가서 능력과 경험을 토대로 수익의 창출과 경제적인 안정과 풍요로운 상황을 만들어 나갈 것입니다.

나의 중심을 확실하게 잡고, 내가 원하는 방향으로 작동 될 수 있도록 하는 것이 가장 바람직한 방법이라 생각하고 행동으로 실천하고 있습니다.

23) 시간적 자유를 구현한다.

누구에게나 똑같이 주어진 시간을 활용하는 방법에 대해 자기만의 독특한 관리시스템을 구축하고, 시간낭비 요소를 제거하고, 시간의 도둑은 단절시키고 관계를 정립해야 됩니다.

나의 일정계획에 따라 움직이도록 시간계획을 수립하고, 꼭 만나야 할 사람과, 만날 필요가 없는 사람에 대한 기준을 정해 두는 것이 좋습니다.

내가 하고 있는 일에 따라 시간 계획표는 다르게 작성되어야 하는 것으로, 사업가와 투자자 직장인으로 구별하여 그 특성에 맞는 시간 활용법을 만들어야 됩니다.

사업가로서 나의 활동계획은 사업계획의 작성, 거래처 관리 자금의 조달과 집행에 관한 사항 대외적인 업무와 내적인 업무의 흐름도, 조직의 구성과 운영에 관한 총괄적 지휘와 상황의 파악을 통한 조치할 사항을 정리합니다.

업무의 효율성과 판매, 수익창출에 관한 유동성 확인 및 지속가능성에 대한 상황을 파악하고, 충성고객과 소비자의 구매력 실태와 선순환구조의 타당성을 지도하고 경영해 나갑니다.

24) 환경적 자유를 구현한다.

지금 내가 언제든지 그만 두고, 자유롭게 살고 싶은 곳에서 자유와 평화를 누릴 수 있는 환경과 여건을 조성하고 있는지에 대해 질문을 해 보았을 때, 아직은 과거에 발생한 부채의 상환과 기본적으로 갖추고 있어야 할 재정적인 문제가 남아 있는 상태입니다.

본래의 자리로 돌아와 나의 가치를 증명하고, 새로운 자산을 확보하고, 여유와 풍요로운 상황을 만들어 갈 수 있는 여건과 환경이 조성되고 있으며, 조만간 정상적인 생활이 가능할 것으로 믿고 있습니다.

세상에 영원한 것은 없으며, 오르막과 내리막을 반복하면서 경륜과 연륜을 쌓고, 파도치는 물결에 올라타고 순방향으로 흐르면서 본래의 자리로 회복하고 더욱더 발전해 나가는 것입니다.

살면서 그 어떤 두려움이나 완벽하려고 애쓰지 말고, 쓸데없는 핑계를 대지 말 것이며, 자신에게 솔직하고 세상을 있는 그대로 관찰하고, 배려와 나눔이 있는 넉넉한 마음으로 살아가는 건강하고 행복한 아름다운 세상을 만들어 가야 합니다.

4. 절차

1) 순방향으로 진행할 수 있도록 절차를 정한다.
2) 사업 진행에 필요한 자료를 수집하고 분석한다.
3) 관련법령에 위반되는 사항이 있는지 확인한다.
4) 제출할 서류를 준비하고 확인한다.
5) 진행과정에서 돌발적인 상황에 대한 대비책을 마련해 둔다.
6) 경쟁적 우위를 갖출 수 있도록 대책을 만든다.
7) 생산에 필요한 수직계열화를 준비해 둔다.
8) 수탁에 필요한 기본적인 사항을 준비해 둔다.
9) 위탁에 관한 기본적인 사항을 정해둔다.
10) 수분양에 관한 기본적인 사항을 정해 둔다.
11) 계약재배에 관한 기본적인 사항을 정해 둔다.
12) 수매에 관한 기준과 가격 결정을 정하여 둔다.
13) 비축사업에 필요한 물류센터를 확보해 둔다.
14) HACCP GMP 시설의 가공업체를 선정해두고 OEM 가공한다.
15) 상품의 유통을 위한 플랫폼을 구축하여 운영한다.
16) 상품의 디자인 개발과 고급화에 대한 대책을 만들어 둔다.
17) 광고 홍보 소비촉진을 통해 고객을 확보한다.
18) 글로벌 경제영토 확장을 위한 인성문화 대축제를 시행

한다.
19) 상품의 접근성과 소비자 편의제공을 위해 매장을 운영한다.
20) 대량수요처 단체급식등 납품에 관한 시스템을 구축하여 운영한다.
21) 모니터 판촉요원 회원제 운영 등을 실시한다.
22) 전통시장 노인정 등 봉사활동과 연계한 업무시스템을 운영한다.
23) 공항 사후면세점 관광객유치 등을 통한 사업성을 높인다.
24) 전국 명소를 선정하여 특색이 있는 휴양소를 운영한다.

1) 순방향으로 진행할 수 있도록 절차를 정한다.

일의 신행에 필요한 절차를 순방향으로 배열하고, 동선이 얽히지 않도록 절차에 관한 도표를 만들고, 그림으로 표기해 두고 실제로 지키는 것을 원칙으로 삼아야 됩니다.

절차를 무시하고 자기 하고 싶은 대로 진행을 하게 되면 질서가 무너지고, 불필요한 일을 반복하게 된다는 사실을 알아차리고 교육과 홍보를 강화해야 합니다.

일을 하기 전에 절차와 순서를 지키고, 미리 가상적인 연습과 훈련을 통해 종사자 전체가 숙지할 수 있도록 조치해 둔다면 업무의 효율성을 높이고, 올바른 방향으로 나갈 수 있다고 봅니다.

진행하는 과정에서 돌발적인 상황이 발생하면, 능동적으로 대처할 수 있도록 비상처리 대책도 함께 만들어 둔다면, 위험한 상황이 닥쳐도 피해를 최소화 시키고 손실을 줄일 수가 있습니다.

사업체를 운영하거나 조직을 다스리기 위해서는 종합적인 관리시스템을 구축하고, 운영관리에 철저한 대책을 만들어 두는 것이 좋습니다.

2) 사업 진행에 필요한 자료를 수집하고 분석한다.

사업을 진행하겠다고 마음을 먹었으면 우선석으로 사업성 검토에 필요한 기초자료 수집과, 시장 상황을 파악해야 한다는 사실을 알아차리고, 필수적인 자료를 수집하고 분석을 해 보아야 합니다.

수집된 자료는 항목별로 분류하고, 사업진행에 필요한 사항을 면밀하게 분석을 해 보고, 정확한 판단과 결정을 할 수 있도록 문서로 작성하여 기본계획 수립에 기초로 사용하는 것입니다.

시장을 돌아보고 관찰에 의해 있는 그대로 보고, 듣고, 느끼고 한 것에 대해 사실을 문서화하는 것이며, 주관적인 사항이나 개인의 감정을 넣어서는 안된다는 것을 강조하는 바입니다.

지금의 돌아가는 상황을 보면, 보고 싶은 대로 보고, 듣고 싶은 대로 듣고, 하고 싶은 대로 하려는 이상한 형태로 사회가 돌아가고 있음에 따라 본질과 핵심이 사라지는 경향이 나타나고 있습니다.
사업에 필요한 자료수집과 분석은 있는 그대로 하는 것이 반드시 필요하며 냉정한 상태에서 결론을 내려야 합니다.

3) 관련법령에 위반되는 사항이 있는지 확인한다.

사업을 하기 전에 필수적으로 확인해야 하는 것이, 내가 하려고 하는 일이 관련법령에 위반되는 사항이 있는지에 대하여 관련부처에 질문서를 보내고, 회신을 받아두는 것이 필요합니다.

사회가 발전하면서 매우 복잡한 구조와 법적인 규제가 많이 있다는 사실을 인지하고, 일의 진행이 조금 늦더라도 절차와 순서를 지켜야 한다는 사실을 명심하고 인내하면서 반드시 이행하기를 부탁드립니다.

세상에는 잘난 사람도 많이 있고, 남의 일에 참견이나 간섭하려는 자와, 모든 것을 다 안다고 하는 빈 깡통도 있다는 것을 인정하고 나를 지키고 손실을 최소화 시키는 방향을 잡아야 됩니다.

그동안에 살면서 나 또한 시행착오도 많이 겪고, 실수와 실패에 의한 손실도 보고, 잘 진행 되던 일이 중단되고 엉뚱한 송사에 연결되어 보기도 하였습니다.
불합리한 상황과 피해와 손실을 사전에 예방하는 차원에서 모르는 사항이 있으면 직접 부딪치고, 공부하고 확인해 보는 습관을 길러야 됩니다.

4) 제출할 서류를 준비하고 확인한다.

일을 하기 위해서는 기본적인 서류를 작성하고, 관공서에 제출하여 인가 또는 허가를 득하고, 인허가 증서를 교부받아야 사업을 진행할 수가 있습니다.

이러한 절차와 과정을 무시하고 할 수 있는 일은 하나도 없으며, 관련법령을 위반하여 과태료나 범칙금을 부과받지 않도록 각별한 주의가 필요합니다.

'나 하나 쯤이야'하는 아니한 생각조차 하지 말고, 성실하게 법과 규정을 따르고 국민으로서 지켜야 할 의무와 책임을 다하면서도 얼마든지 무슨 일이든지 간에 할 수 있다는 사실을 알고 두려움 없이 도전과 시도를 하여 성공하기를 바랍니다.

특히 남의 도움을 받으려고 가족 친구 동료들에게 물어볼 것이 아니라, 궁금한 사항이 있으며 인공지능 쳇GPT 등에 물어보고, 공부하는 차원에서 직접 관련기관의 해당부서를 찾아가서 경험을 쌓는 것도 좋습니다.

모르면 배우고 공부하는 것이고, 배우는 것에 대해 조금도 부끄럽거나 두려워하지 말아야 합니다.

5) 진행과정에서 돌발적인 상황에 대한 대비책을 마련해 둔다.

사업계획서를 아무리 완벽하게 작성해 두었다고 하더라도, 시대의 변화상황까지 예측하기는 어려운 것으로 사업을 진행하는 과정에서 일어나는 돌발적인 상황에 능동적으로 대처할 수 있는 대비책을 만들어 두어야 합니다.

처음부터 너무 완벽하게 하려고 애쓰지 말고, 변화하는 상황에 맞추는 능력을 기르고 습관화 시키는 것이 좋으며, 돌발적인 상황에 너무 민감하게 반응하지 말고 적합한 대응방안을 만들어야 됩니다.

일이 발생 되면 원만하게 해결하려고 노력하지 않고, 책임소재와 손실에 대한 배상에 초점을 두고 감정적으로 반응하는 것에 대하여는 그 어느 사람에게도 도움이 되지 않고, 전체적인 분위기를 망치고 기업문화를 손상하게 된다는 사실을 알아야 합니다.

누구나 실수를 할 수가 있으며, 고의적이지 않고 자연적으로 일어난 문제로 판단되면 재발방지를 위한 대책을 강구하고 위험한 상황이나 경영에 막대한 지장을 초래하지 않도록 예방대책을 세워야 합니다.

6) 경쟁적 우위를 갖출 수 있도록 대책을 만든다.

시장을 지배하기 위해서는 독창적인 기술과 인력자본을 가지고 있어야 하는 것이 기본적인 사항이지만, 오랜기간 동안 준비해 온 탁월한 초격차 기술이 있다면 도전과 시도를 해 보아야 합니다.

모든 것을 다 준비해 놓고 시작하려고 한다면 이미 늦었다고 생각되며, 두려움 없이 시작하고 실패와 손실에 대해 감수할 수 있는 자세를 갖추고 기술력에 의한 시장의 장악과 경쟁이 되지 않도록 해야 됩니다.

시장지배력을 가지려고 한다면 독창적이고 유일한 상품을 만들어 출시하고, 원가절감에 의한 가격경쟁력을 갖추고, 소비자들로 하여금 구매하지 않으면 안되는 상황을 만들고 필수적인 것이 되어야 할 것입니다.

가장 중요하게 생각하는 것은 가격이라고 생각하며, 이 상품을 구매하여 사용하지 않으면 인간관계를 형성하는데 있어서 소통이 잘 안 되고 유행에 뒤쳐지는 상황이라고 인식을 하게 되면, 품질과 가격에 상관없이 인기상품으로 인정하고 명품으로 자리매김 할 수가 있습니다.

7) 생산에 필요한 수직계열화를 준비해 둔다.

상품의 생산에 필요한 원.부재료 확보를 위하여 협력업체를 지정하고, 수직계열화를 추진함과 동시에 역할 분담과 수익의 공유를 통한 안정적인 생산기반을 구축해 두어야 합니다.

사업의 지속가능성을 유지하기 위해서는 생산기반구축과 품질의 균일화 원가절감에 의한 가격경쟁력이 뒷받침 되어야 한다는 사실을 명심하고, 연구개발과 상품의 디자인 소비자의 선호도 등을 고려해야 됩니다.

나의 경험을 비추어 볼 때 세상에서 가장 우선시 하는 것이 가격이라는 사실을 인정하고 있으며, 가격경쟁력은 생산력과 원가절감에 있다는 사실에 초점을 맞추어 왔으며, 타업체와 경쟁에서 이길 수 있는 강력한 힘이라는 것도 알고 있습니다.

지금은 혼자서 다 할 수 없는 상황이 만들어져 있는 상태로 가장 잘 하는 분야별로 접목과 협업에 관한 시스템을 갖추고 역할 분담에 의한 생산력 향상과 원가를 절감해야 됩니다.
생산의 방법에는 다양한 형태가 있으며 선택에 의합니다.

8) 수탁에 필요한 기본적인 사항을 준비해 둔다.

우리가 가지고 있는 기술과 능력을 인정 받아서 외부로부터 업무를 의뢰 받게 되는 것을 수탁이라 하며, 기본적인 사항을 준비해 두고 있으면서 상호간의 조건에 맞추어 계약의 방법으로 진행하는 것이 바람직합니다.

상호간에 필요충분 조건으로 이루어지는 업무로, 과다한 비용이나 요구사항이 복잡하지 않은 상태에서 형평성과 공정성에 의한 투명성을 유지하고, 이익을 공유하는 것으로 규정하고 상호 신뢰를 바탕으로 하는 것이 좋습니다.

업무를 추진함에 있어 상식과 공정 투명성에 바탕을 두고 서로간의 협의에 의해 일을 진행하고, 결과에 대한 이익을 잘 나누는 형태를 취하면 지속적인 관계를 유지할 수가 있습니다.

수탁업무를 부여 받게 되었다면 내 일과 똑같은 기준과 원칙을 지키고 정성을 다하여, 원가절감과 생산성 향상에 노력하고 소득을 창출할 수 있는 결과를 만들어 공정하게 배분을 하여야 합니다.

9) 위탁에 관한 기본적인 사항을 정해 둔다.

위탁 업무를 진행하는 것은 내가 가지고 있는 시설이 없는 상태에서 판매처에 납품할 상품을 HACCP GMP ISO 등의 검증과 인증을 받은 업체에 OEM 방식으로 의뢰하여 상품을 가공하는 것입니다.

상호간의 거래조건에 따라 계약을 체결하고 이행하는 것이며 각자 역할분담에 의해 공장 가동률을 높이고, 생산성 향상과 품질 우수성을 통한 양질의 상품을 생산하여 시장에 출시하려는 행위입니다.

공급처에 안정적인 물량의 공급과 계약이행을 위해 자체적인 위탁관리 시스템을 구축하고, 운영에 관한 관리자를 지정하고 원활한 업무추진이 가능하도록 조치해 두어야 합니다.

수요와 공급에 차질이 발생하면 경영상의 어려움은 물론, 손해배상 책임과 커다란 손실이 초래된다는 사실을 알고 철저한 관리가 요구됩니다.

서로 믿고 사는 것은 좋지만 문제점이 발생되면 책임과 배상이 따라 온다는 사실을 알고, 미리 대비책을 만들어 두어야 합니다.

10) 수분양에 관한 기본적인 사항을 정해 둔다.

일을 추진하기 위해 기술과 능력을 보유하고 있음에도 불구하고, 자금이 부족하고 외부적인 도움이 필요할 때 사용하는 방법으로 특정한 목적을 두고 수탁업무와 분양의 의미를 동시에 가지고 있는 것을 말합니다.

소액의 투자와 협력에 의한 방법의 일종으로 사업을 시작하는 초기의 어려움을 극복하고 참여자를 확보하는 좋은 방법임에도 불구하고, 다단계 기획분양 등 나쁜 형태로 사용하는 경우도 있어 선의에 피해를 보기도 합니다.

일자리 창출과 소득의 공유라는 명분이 있음에도 불구하고 일반 투자자들에게 외면을 당하는 사례를 지켜볼 수밖에 없는 상황도 있습니다.

우리는 지금 정보의 홍수 시대에 살고 있는 상태에서 정확한 것을 파악하기가 오히려 더 어렵다는 생각을 가질 수 있으며 어떠한 상황에도 꿈과 희망을 버리지 말고, 진정으로 믿을 수 있는 수분양 할 곳을 찾기를 바랍니다.

11) 계약재배에 관한 기본적인 사항을 정해 둔다.

인간이 살아 있는 동안 먹을거리는 생존을 위한 필수적인 것으로, 먹는 것에 대한 관심은 누구나 가지고 있으며 건강에 직접적인 영향을 준다는 사실도 알고 있습니다.

그 동안에 식량자원과 먹을거리 유통분야에 가장 많은 시간을 투자하고, 경륜과 연륜을 쌓아온 나의 경험을 비추어 볼 때, 지금은 무분별한 개발에 의해 유휴시설이 많이 있다는 것을 알게 되었습니다.

지금 유휴시설을 살펴보면 ,공장 축사 창고 물류센터 등 건축물을 완성해 둔 상태에서 분양을 하지 못하였거나, 적합한 용도를 찾지못한 채 그대로 방치되고 있는 건물이 매우 많은 것으로 알고 있습니다.

원인과 이유를 알고 싶은 것이 아니고, 지금의 상태에서 활성화 시킬수 있는 방법을 찾아보다가 도시농업과 계약재배에 관하여 관심을 가지게 되었습니다.

계약재배 방법은 좋은 제도임에도 불구하고, 악용한 사례가 많이 있어 일반 사람들에게 나쁜 이미지와 인상을 남기고 있는 것이 사실입니다.

12) 수매에 관한 기준과 가격결정을 정하여 둔다.

식량자원의 확보와 수급조절에 의한 수요와 공급의 안정성을 확보하기 위해 수매제도를 시행하고 있으며, 가격에 관하여 민감한 반응을 보이는 것이 사실이며, 분쟁을 사전에 예방하기 위해서는 처음부터 확실한 기준을 정해 두어야 합니다.

지금까지 지켜 본 바로는 계약재배, 위탁재배, 출하약정 등 다양한 방법으로 진행하였으나 제대로 지켜지지 않고, 수확과 출하시기가 되면 가격과 품질에 관한 논쟁과 의견충돌이 일어나는 것을 보았습니다.

보다 성숙한 인격과 성품을 가지고 서로를 존중하고 존경하는 마음을 가지고 동반자로서의 책임과 의무를 다해야 함에도 불구하고, 자신의 이익에 초점을 맞추는 행위를 자제하고 상생의 길을 찾아야 합니다.

가격 결정에 관한 분쟁의 소지를 없애기 위해서는 업무를 시작하기 전에 명확하게 수치로 표시하고, 서로간에 반드시 지킬 것을 다짐하고 이행해야 할 것입니다.

13) 비축사업에 필요한 물류센터를 확보해 둔다.

식량자원의 확보와 비축유통사업에 필요한 물류센터를 확보하고, 운영관리 시스템을 구축하고, 입출고 업무 상하차 작업 배송차량의 배치와 물자의 보관에 필요한 조치를 해 두어야 합니다.

수확과 수매를 통해 수집한 식량자원을 방열냉장, 냉동창고에 분류하여 안전하게 보관해 두었다가 일정량을 시장에 공급함으로서, 수요와 공급에 적합한 수급조절과 가격을 안정화 시키고, 적정수익을 보장 받는 것을 목적으로 하는 것입니다.

한정된 생산시기와 수확한 물량을 비축보관 물류시설에 안전하게 보관하고 있다가 삭자재용으로 연중 필요한 물량을 안정적으로 공급하는 것이며, 다양한 품목을 장기적으로 보관하고 필요한 물량을 시장수요에 맞추어 방출하는 업무를 정부차원에서 수행하다가 지금은 민간인이 자율적으로 운영하고 있습니다.

비축유통사업은 수요예측에 의한 전문성이 필요한 것이며, 지금은 세계가 하나로 통합된 시장으로서 수출입에 의한 식량자원의 수급조절을 하고 있습니다.

14) HACCP GMP 시설의 업체를 선정 OEM 가공한다.

먹을거리 식품의 안전성이 강조되는 상황에서 위생적이고 우수한 시설을 갖추고 있는 공장에서 철저한 품질관리와 안전수칙을 지키며 식품을 생산하고 있습니다.

지금은 소비자의 요구사항이 다양한 형태로 되어 있으며, 공급자의 생존을 위한 경쟁과 소비자의 사랑을 받기 위해 특별한 서비스를 제공해야 효율성과 지속가능성을 유지할 수 있는 상황입니다.

소비자의 입맛에 맞추고 상품의 디자인 포장의 색다름에 의해 소비량에 차이가 발생되고, 입소문에 의한 인기상품으로 자리잡게 된다는 사실을 인지하고 각별한 관심과 서비스제공이 필요합니다.

소비자들의 상품을 선택하는 방법이 세밀한 부분까지 확인하고 있다는 사실을 알아차리고, 위생적이고 안전한 생산시설에서 가공하였다는 것을 증명해주어야 됩니다.

식품에 관하여는 나와 내 가족이 먹는다는 생각을 가지고 정성을 다하고 철저한 위생관리를 해야 됩니다.

15) 상품의 유통을 위한 플랫폼을 구축하여 운영한다.

생산한 상품을 판매하기 위한 유통방법의 하나로 플랫폼을 구축하여 운영하는 시스템을 많이 적용하고 있는 추세입니다.

상품은 쌓아두고 있는 것이 아니라 "팔아야 산다"는 슬로건을 가지고 소비자의 마음을 사로잡고, 누구나 구매하기를 잘했다는 평가가 나올 수 있도록 하는 것이 매우 중요합니다.

세상에 나와 있는 상품은 수 없이 많이 있으나, 소비자에게 선택 받을 수 있는 상품은 특별한 매력을 가지고 있어야 하고 구매하지 않으면 손해라는 생각과 생활필수품이 되어야 지속적인 구매가 이루어지게 됩니다.

상품의 판매촉진을 위해 홍보, 광고, 기획전, 할인행사 등을 시행하고 있으나, 새로운 상품의 시장진입 장벽이 높고 두터운 상황을 실감하게 될 것이나, 특별한 전략을 수립하여 극복해야 살아남을 수가 있습니다.

먹을거리 전문유통 플랫폼을 만들어 특화된 상품을 진열하고 소비자들에게 꼭 필요한 서비스를 제공하고, 몸과 마음을 건강하게 할 수 있도록 노력하고 있습니다.

16) 상품의 디자인 고급화에 대한 대책을 만들어 둔다.

상품을 출시하여 시장진입과 소비자의 눈길을 사로잡을 수 있는 것의 하나로, 내용물의 우수성에 앞서 디자인의 고급화로 인한 시각적으로 확실한 끌어당김과 매력적인 이미지를 발산해야 됩니다.

소비자의 선택은 독특하고 매력적인 디자인에 이끌리게 된다는 사실을 인지하고, 상품의 개발과 디자인에 대한 관심을 가지고 소비자 입장에서 생각해보는 것도 좋다고 생각합니다.

디자인 이미지가 소비자에게 각인 되었을 때에는 한 번 사용해 보고, 품질까지 좋다고 판단되면 입소문을 통해 빠르게 전파되는 현상이 나타나게 될 것입니다.

먹을거리에 관하여 생각을 해 보면, 눈으로 선택을 하고, 코로 냄새를 맡고, 입에 군침이 돌게 만들었을 때 직접적인 구매로 이어진다는 경험담을 많이 듣게 되었습니다.

세계적인 명품으로 자리 잡기 위해서는, 디자인의 매력성과 품질의 우수성 사용 후에 느끼는 만족감과 효과에 초점을 맞추는 것이 좋다고 생각합니다.

17) 광고 홍보 소비촉진을 통해 고객을 확보한다.

고객을 확보하기 위한 대책으로 홍보와 광고의 방법을 사용하고 있으며, 소비촉진에 필요한 시식행사, 체험학습, 놀이문화공연 등을 추진하고 있습니다.

상품에 대한 설명과 이해를 돕기 위해 다양한 형태의 전략과 전술을 구사하고 있지만, 만족할 만한 성과를 거두기는 어렵다는 것을 느끼고 있지만 움직이면 살고, 가만히 있으면 죽는다는 각오로 끊임없이 도전과 시도를 하는 것입니다.

상품 판매의 지속성과 충성고객을 확보하기 위해서는 일회성에 그치지 말고, 반복적인 설명과 이해를 시키고, 직접 사용해 볼 수 있는 기회를 제공하여 입소문으로 이어질 수 있도록 홍보와 광고를 해야 합니다.

홍보와 광고의 효과는 소비자가 직접 사용해 보고 좋다는 것을 느끼고, 감동, 감탄, 감격의 단어가 입에서 저절로 흘러나오도록 하는 것이라 생각 됩니다.

홍보의 효과는 매출로 이어져 명확한 수치로 증명해 준다는 사실을 인정하고, 얼마만큼을 정성을 다하고 소비자와 가까워졌느냐에 달여 있습니다.

18) 글로벌 경제영토 확장을 위한 인성문화대축제를 시행한다.

국내시장 수요는 한정되어 시장이 좁기 때문에, 세계시장을 공략하기 위해 글로벌 경제영토를 확장할 수 있도록 인성문화대축제를 시행하는 것을 고려하고 준비를 시작하였습니다.

글로벌 시장을 공략하기 위해서는 탁월한 상품과 독점적 시장지배력을 가져야 가능할 것으로 판단되어, 해외 현지 실태조사와 거래처의 신용도를 조사하고 있으며, 수출입 업무의 효율성과 지속 가능성을 유지하기 위해 성실한 동반자를 찾고 있습니다.

글로벌 경제영토 확장의 방법으로 인성문화대축제를 통해 문화의 차이를 좁히고, 동반자로서 함께 할 수 있는 환경과 여건을 조성해 나가면서 하나씩 풀어나가려고 합니다.

해외시장 개척과 수출입을 통해 일어나는 현상들을 파악하고 거래처의 신용상황과 지불능력을 확인해 보고, 정부의 협조 가능성과 국제법과 규칙에 관한 확인과 특히 상품대금 결제에 관하여 안전장치를 마련해 두어야 합니다.

19) 상품의 접근성과 소비자 편의제공을 위해 매장을 운영한다.

생산한 상품의 판매의 일환으로 소비자의 접근성을 높이고 편리성을 제공하기 위해 판매전시 진열해 놓고, 소비자가 직접 눈으로 확인하고 구매할 수 있는 판매장을 운영하는 것입니다.

판매장의 입지조건은 매우 중요한 것으로 인식하고 대형, 중형, 소형의 판매장이 만들어져 있으며, 전통적인 방법으로 거래 되고 있습니다.

지금은 주문에 의한 배달이 활성화되어 있는 상태로 직접 방문하지 않고도 필요한 상품을 언제든지 구매가 가능한 시스템이 작동되고 있는 상태입니다.

계층별 소비성향에 차이가 있어 소비자의 기호에 적합한 맞춤 서비스도 제공되고 있으며, 혼자서 모든 것을 해결하는 홀로족이 많은 관계로 별도의 전략을 시행 중에 있습니다.

지금은 모든 것을 소비자 중심으로 맞추고 있으며, 효율성과 지속가능성을 유지하기 위한 대책을 수립하고 시행해야 합니다.

20) 대량수요처 단체급식 등 납품에 관한 시스템을 구축하여 운영한다.

고객을 관리하는 숫자가 많고 상품의 수요가 많은 대량수요처와 단체급식업소에 대한 납품에 관하여는, 경쟁 입찰이나 전문업체에 한하여 수의계약 형태로 진행되고 있음을 감안한 서류와 납품조건에 맞출 수 있는 준비를 해야 합니다.

수요처와 공급처의 관리시스템에 차이가 있고, 구매와 공급 조건에 적합한 형태로 별도의 시스템을 구축하여 운영하는 것이 바람직하다고 봅니다.

납품에 관한 경쟁이 치열한 상태로 조금이라도 문제가 발생되면, 바로 중단이나 손해배상 등의 제재가 있음을 감안한 특별한 대책을 마련해 두어야 합니다.

세상을 살아가는데 결코 쉬운 것은 없으며, 경쟁력을 갖추기 위한 방법으로는 독점적 물량의 확보와 누구도 따라 할 수 없는 기술력 유지와 상품의 우수성과 품질관리에 그 비법이 있다고 생각합니다.

공급처별 실태를 평가하고 맞춤서비스를 제공하면서 독점적 지위를 확보할 수 있는 방법을 찾아야 합니다.

21) 모니터 판촉요원 회원제 운영 등을 실시한다.

조직 구성에 의한 고정적이고 충성구매가 가능한 고객을 확보하는 방법이 있으며, 상품에 대한 반응을 알아보는 모니터요원이 있고, 판매를 촉진할 수 있는 판촉요원을 배치하여 상품의 설명과 고객의 궁금증을 바로 해결해 줄 수가 있습니다.

별도의 명칭을 정하여 회원제 운영에 필요한 참가 신청서와 등록증을 발급하는 회원관리 시스템을 구축하여 운영하는 방법을 적용하기도 하며, 유료회원과 무료회원등록제를 사업체의 성격에 맞추어 선택하여 시행하고 있습니다.

회원제 운영을 통해 가장 많은 효과를 얻을 수 있는 방법에는 직접적인 체험이 가능하도록 하고, 사용한 것에 대한 느낌과 효과에 대한 후기를 작성하여 홍보자료로 활용하고 다음 상품에 개선책으로 사용하기도 합니다.

회원제 운영에 관한 시스템의 구축과 소비자 중심의 상품의 제조와 서비스제공에 관하여는 반복적인 훈련과 실행결과를 복기해 보고 피드백을 하는 습관을 길러야 합니다.

22) 전통시장 노인정 등 봉사활동과 연계한 업무시스템을 운영한다.

사업 수익에 대한 공익적 목적을 가지고 사회에 환원하는 제도를 활용하는 수요가 많은 전통시장과 연계한 협력사업을 진행해 보는 것도 좋습니다.

노동생산력이 떨어진 어르신을 활용한 작은 일거리 제공과 생활에 보탬이 될 수 있는 방법을 찾고, 청년과 어르신을 한 팀으로 구성하여 결합형 일자리를 만들어 시행하려고 준비하고 있습니다.

직접적인 생활현장에서 벗어나 쉬고 있거나 퇴직을 하였다 하더라도, 일 할 수 있는 여력은 갖추고 있음에 따라 적절한 시간을 활용하고 용돈도 벌 수 있는 일자리가 필요한 것입니다.

아무런 일을 하지 않고 시간을 보내는 것은 지루함과 상당한 고통을 느끼게 된다는 사실을 알아차리고, 나에게 적합한 소일거리를 만들어야 합니다.

보상을 받지 않더라도 부담 없이 봉사할 곳이 있다면, 자신의 재능을 기부할 수가 있으며, 봉사를 통해 도움을 받는 사람들로부터 고마움과 보람을 얻게 됩니다.

23) 공항 사후면세점 활용과 관광객유치 등을 통한 사업성을 높인다.

글로벌 경제영토 확장에 앞서 국내시장의 상황을 증명해 줄 수 있도록, 사용에 대한 가치와 효능에 대해 소비자에게 좋은 호응과 관광객의 선물용으로 인기 있다는 것을 보여 줄 수 있도록 하고 있습니다.

관광객의 구매가 용이하고 면세품으로 적용 받을수 있도록 공항 면세점과 시내에 지정되어 운영하고 있는 사후 면세점에 상품을 진열하여 판매할 계획이며, 구매하고 사용해 본 후에 후회가 없도록 철저한 상품관리를 하려는 것입니다.

공항 면세점에 입점할 수 있는 능력과 자질을 갖추는 것은 쉬운 일이 아니지만, 소비자의 요구가 있거나 인기상품으로 소문 나고 널리 알려져 있다면 가능하다고 봅니다.

가격 경쟁력을 갖추고 우수한 상품으로 인정을 받았다면 충분히 도전과 시도를 해 볼 수 있으며, 명품으로 자리매김을 한다면 기내상품으로도 가능하게 될 것입니다.

24) 전국의 명소를 선정하여 특색이 있는 휴양소를 운영한다.

인생을 살아가면서 일을 하고, 맛있는 음식을 먹고, 재미있게 놀고, 지치면 쉬어야 하는 것으로 잠시 멈춤을 통해 재충전할 수 있는 휴양소를 전국적으로 특색 있게 만들어 삶의 질을 높이고, 즐거움과 기쁨을 누릴 수 있는 행복한 공간을 만들어야 됩니다.

지금은 자연환경이 좋고 풍경이 아름다운 곳에 시설을 만들어 놓고 있지만, 제대로 운영되지 않고 멈추고 있는 상황을 확인 할 수가 있습니다.

세월의 흐름에 따라 모든 것이 변화하는 것을 당연하게 받아들이고, 지금 이 순간에 적합한 형태로 바꾸어 운영시스템을 새롭게 하여 누구나 자유롭게 이용할 수 있는 휴양소를 운영할 필요가 있습니다.

무조건 일만 할 것이 아니라, 잠시 멈춤을 통해 자신을 돌아보고 재충전하는 시간이 필요한 것이라 생각되며, 남아있는 시간 동안 눈으로 직접 확인 할 수 있는 창조적 작품을 자신이 가지고 있는 능력과 기술을 발휘하고 만들어 찬란한 유산으로 남기는 것이 필요합니다.

5. 순서

1) 가장 중요하게 처리해야 할 일을 우선 처리한다.
2) 목표와 목적달성을 위해 늦출 수 없는 것부터 한다.
3) 아침에 일어나자마자 할 일을 순서대로 적어본다.
4) 완료된 일은 목록에서 삭제하고 재정리 한다.
5) 법과 규제대상이 되는지 여부와 해결방안은?
6) 정부지원과 인.허가에 관한 해결방안은?
7) 환경규제와 단체의 반발과 저항을 확인한다.
8) 본 사업을 위해 분야별 전문가 및 적극 협조자를 확인한다.
9) 이 일을 지휘할 수 있는 능력을 갖추고 있는가?
10) 자금의 조달과 집행은 준비되어 있는가?
11) 일을 수행하는 조직의 구성과 운영시스템은 구축되어 있는가?
12) 초격차 기술력확보와 생산은 준비되어 있는가?
13) 판매시장 개척의 순서를 정해둔다.
14) 대량생산 부품의 조달을 위한 협력업체 선정은 가능한가?
15) 상품의 보관을 위한 물류센터는 확보되었는가?
16) 입출고 상하차 배송시스템은 갖추고 있는가?
17) 수출입에 관한 관세사외 물류회사는 지정하였는가?
18) 해외 거래선은 확보되고 신용조사는 완료하였는가?
19) 수출입에 관한 문서처리는 완료 되었는가?

20) 대금결제에 관한 안전장치는 마련해 두었는가?
21) 상품의 생산능력과 가동률은 높일 수 있는가?
22) 생산 공정은 확인 하였는가?
23) 가공 시스템은 점검하였는가?
24) 일관시스템을 구축하고 시험 가동해 보았는가?

1) 가장 중요하게 처리해야 할 일을 우선 처리한다.

일의 순서를 정리함에 있어 가장 중요하면서 **빠르게** 처리해야 할 것에 대해 우선순위를 정하고 조치하는 습관을 길러야 합니다.

하루에 정해진 시간을 효율적이고 가치있게 활용하기 위해서는, 아침에 일어나자마자 해야 할 일에 대해 순서를 정해 두고 하나씩 순서대로 해결하는 것이 좋습니다.

미리 순서를 정해 두지 않으면 이것저것 마음에 내키는 대로 일을 하게 되고, 제대로 처리되는 것이 없고 진행 상태에 머물러 있어 마무리가 잘 되지 않습니다.

일의 순서를 확실하게 정해둠에 따라 하나씩 완성도를 높여 갈수 있다는 사실을 인지하고, 다른 생각이 들거나 조급한 마음이 있어도 자신이 정해 놓은 순서를 지켜야 합니다.

가장 중요하고 **빠르게** 해야 할 일을 처리해 두었다면 느긋한 마음이 드는 것과 동시에, 여유로운 시간을 가지고 순차적으로 일을 처리할 수 있게 된다는 것을 경험을 통해 알 수가 있었습니다.

2) 목표와 목적달성을 위해 늦출 수 없는 것부터 한다.

지금 처리해야 할 일이 많이 있다고 하더라도 진정으로 원하는 목표와 목적에 관한 것이라면, 시간을 배분하여 늦지 않도록 순서에 포함시켜야 됩니다.

일의 순서를 정하는 것은 우왕좌왕하지 않고 나의 중심을 잡고, 시간관리를 통한 효율성과 가치를 높이는 원하는 목표를 달성해 나가는 작업입니다.

빠르고 중요하게 처리해야 할 것을 우선적으로 처리하고 나서 시간의 배분은 목표와 목적 사업에 두는 것이 좋으며, 순서를 왜 정하는지 진정한 이유를 알아두어야 됩니다.

나의 경험으로 비추어 보았을 때, 아침에 일어나자마자 순서대로 해야 할 일을 빈 종이에 적어두고, 처리 결과에 대해 하나씩 지워나가는 습관을 반복적으로 적용해 본 결과 만족할 수 있었습니다.

지금까지도 변함없이 일상적인 습관으로 자리 잡았으며, 많은 사람들이 나와 같은 방법을 사용하였으면 하는 바람이며 그 효과는 좋습니다.

3) 아침에 일어나자마자 할 일을 순서대로 적어본다.

하루를 보람있게 보낼 수 있는 방법의 하나로, 아침에 일어나자마자 할 일을 자신의 업무 공책에 순서대로 적는 작업이라 생각합니다.

밤에 잠자기 전, 무슨 일을 어떻게 할 것인가에 대해 수 없이 많은 생각을 함에 따라, 아침에 일어나도 순서를 정하는데 혼란스럽기도 하다는 사실을 알고 있지만 냉정하게 판단과 결정을 내려야 됩니다.

순서를 정하는 것은 자신의 판단과 결정할 수 있는 고유의 권한이며, 그 결정에 따라 집행함으로서 결과에 차이가 발생하게 됩니다.

세상을 살아가는데 있어서 생존을 위한 치열한 경쟁과 사업은 냉정하다는 것을 인정하고, 나 자신을 지키고 전쟁에서 살아남을 수 있는 방법을 찾아야 합니다.

가장 기초가 되는 것이 일의 순서를 정하고 하나의 일에 집중과 몰입을 하는 것이라 생각하고 있으며, 만족할 만한 결과를 만들어 낼 수 있다는 것을 믿고 확신과 자신감을 가져야 됩니다.

4) 완료된 일은 목록에서 삭제하고 재정리 한다.

순서에 따라 집행을 완료한 일은 목록에서 삭제 처리하고, 순차적으로 다음에 해야 할 일을 재정리 하는 습관을 기르고, 하나씩 완성된 일을 지워나갈 때 성취의 보람을 느낄 수가 있습니다.

일의 진행과정에서 다양한 형태의 돌발적인 상황이 일어나지만, 능동적이고 슬기롭게 해결 하다가 보면 일에 대한 흥미와 매력에 빠지기도 할 것입니다.

우리가 일을 하는 것은 원하는 것을 얻고자하는 목적도 있지만, 몸을 움직이고 머리를 써서 좋은 생각을 끌어당기고 복잡한 것을 단순화 시키면서 작품이 하나씩 완성되어 가는 과정을 즐길 수가 있습니다.

일을 하면서 열정을 다하고, 피와 땀을 흘리면서 사는 것이 어렵다고 생각할 수도 있으나, 그래도 인생은 살아볼만 하다는 긍정적인 마음을 가지고 결과를 만들게 되었다면 성취의 보람과 기쁨을 누릴 수 있게 됩니다.

생각만 하고 있지 말고, 몸을 움직여 행동으로 실천하여 새로운 것을 만들면 행복한 일이 될 것입니다.

5) 법과 규제대상이 되는지 여부와 해결방안은?

일의 순서를 정함에 있어서 고려해야 할 사항은, 지금 하려고 하는 일이 법과 원칙의 적용과 관련규제에 해당 되는지에 대해 확인이 필요합니다.

운선 순위에 정해 두었다고 하더라도 바로 실행을 할 수 없는 것이라면 후순위로 미루고, 해결방안을 마련하여 업무추진이 가능한 시점에서 순서를 정하는 것이 좋습니다.

내가 원하는 일이라고 하더라도 국내외적 법과 규제가 심하고 환경보전에 관한 지켜야할 사항이 많이 있어서, 사업을 중단 하거나 오랜 시간의 준비작업이 필요하다는 점을 면밀하게 검토 하고 결정을 내려야 합니다.

이 일만은 반드시 내가 해결해야 한다는 의지를 가지고 있다면, 장기적인 목표로 삼아 철저한 준비작업을 함과 동시에 사업에 필요한 자본을 확보해 두어야 됩니다.

환경이나 법률적 규제 사항에 해당하는 사업을 진행하고 싶다면 공부하고, 준비작업을 철저히 하고 인허가를 받아야 한다는 사실을 알아두어야 합니다.

6) 정부지원과 인.허가에 관한 해결방안은?

사업을 수행하는 데는 막대한 자금이 소요된다는 사실을 알아차리고, 충분한 자본이 확보되지 않은 상태에서는 정부지원금 수령이 필요하고, 인가 또는 허가 사항이 매우 까다롭고 복잡하다는 사실을 알고 일하는 순서를 정해야 됩니다.

내가 원하는 일이라고 해서 일의 순서를 앞에다가 배치해 놓으면 다른 일까지 영향을 받게 된다는 사실을 인정하고, 순서의 판단과 결정을 냉정한 상태에서 확실한 사실과 근거에 의해 내려야 할 것입니다.

대부분의 사람들은 본인이 보고 싶은 대로 보고, 듣고 싶은 대로 듣고, 하고 싶은 대로 하려는 경향이 있으나, 진정으로 성공하고 안정된 생활과 행복을 누리고 싶다면 보다 더 솔직하고 냉정하게 관찰하고 자신을 다루는 방법을 알아야 됩니다.

세상에 공짜는 없으며 자신이 원하는 것을 얻고자 한다면, 도전과 시도를 하여 직접 부딪치고, 넘어지고 깨지고 피를 흘리며 열정과 노력으로 성과물을 얻고 보람과 기쁨을 쟁취하는 것입니다.

7) 환경규제와 단체의 반발과 저항을 확인한다.

인간이 살아가기 위해서는 먹을거리, 에너지, 산업 등 환경에 미치는 영향이 있는 작업을 실행해야 함에도 불구하고, 환경규제가 심하고 환경단체의 반발과 저항에 부딪쳐 많은 분쟁이 발생되고 사업이 중단되는 사례가 빈번하게 일어나고 있습니다.

대립과 갈등을 해소하면서 인간의 생존에 관한 문제를 해결하려고 많은 사람들이 연구와 노력을 기울이고 있음에 고맙고 감사하게 생각하며, 환경단체의 분쟁소지를 없애기 위해 소통과 화합의 자리를 만들어 해결에 관한 협의를 하고 있는 상황입니다.

최근 친환경농업의 획기적인 발달과 스마트팜 등의 새로운 영농기법을 적용함에 따라 농업생산에 커다란 변화를 가져오게 되었으며, 탄소배출의 최소화를 실현하고 실제로 적용하고 있습니다.

친환경 에너지 관련하여 특수소재 개발과 처리방법에 관한 초격차 기술을 현실로 구현하고 있음에 따라, 탄소배출의 최소화는 물론 환경폐기물 처리가 빠르게 해결 될 것으로 봅니다.

8) 본 사업의 전문가 및 적극협조자를 확보한다.

사업을 추진하기 위해서는 세 가지 요소가 준비되어야 하는 것으로, 사람 기술 자본을 갖추고 있어야 원활한 사업이 가능한 것임을 누구나 알고 있습니다.

지금의 시대가 요구하는 사항을 맞추고 업무의 효율성과 가치에 기반을 두고, 일의 순서를 정하는 과정에서 우수한 기술자를 확보할 수 있는 가에 대해 검토해 보고 지속 가능성에 초점을 맞추려고 합니다.

일의 순서를 정해 놓고 무조건 앞으로 나가고 힘으로 밀어붙이는 것이 아니라, 실질적으로 실현이 가능하고 귀중한 시간을 낭비하지 않기 위한 노력을 하는 것입니다.

누구나 말은 쉽게 하지만, 실제로 행동으로 실천하고 눈으로 직접 볼 수 있도록 해 달라고 요청을 하면, 온갖 원인과 이유 핑계를 대는 모습을 볼 수가 있었습니다.

사업은 사람이 하는 것으로 진정성과 끝까지 함께 하는 동반자가 필요한 것입니다.

9) 이 일을 지휘할 수 있는 능력을 갖추고 있는가?

일의 순서에 따라 실행을 해야 하는 시점을 맞이하게 되었을 때, 지휘와 통솔을 하면서 리더십을 발휘하게 조직을 통제하고, 자금집행을 하면서 눈으로 확인할 수 있는 결과를 보여줄 수 있는 지도자의 역할은 매우 중요한 것입니다.

순서를 지키는 것도 중요하지만, 강력한 힘과 능력으로 영향력을 행사하면서 일을 이끌어나가는 지도력이야 말로 힘의 원천이면서 핵심동력이라고 생각하고 있으며, 그러한 경영자를 양성하고 있는 중입니다.

실력은 하루아침에 만들어지는 것이 아니고, 반복과 훈련을 통해 몸에 습관으로 자리 잡고 자연스럽게 표현되면서 결과로 증명해 주는 것입니다.

지휘통솔에 관한 지도자 양성에 관하여는 오랜기간 동안 연구개발을 통해 인생을 다 바쳐 완성해 두고, 있는 천연기념물 인간문화재급에 해당하는 기인들의 기술과 능력을 전수시키고, 위대한 전통으로 이어나갈 수 있도록 조치를 취하고 있습니다.

10) 자금의 조달과 집행은 준비되어 있는가?

사업을 진행하기 위해서는 필수적으로 자금조달과 집행에 관한 운영관리시스템을 구축하고, 실재로 사용할 수 있는 통장에 자금이 담겨져 있어야 하는 것입니다.

경험으로 비추어 볼 때 적기에 자금을 조달하고 집행하는 기준과 원칙을 명확하게 세워야, 진행하는 과정에서 사업이 멈추거나 좋은 기회가 왔을 때 바로 잡을 수 있다는 것을 알게 되었습니다.

그동안 수많은 도전과 시도를 하면서 기준과 원칙에 벗어난 사회의 변화상황을 쫓아가다가, 무리수를 두거나 투자하지 말아야하는 것에 참여하여 큰 손실을 보게 되었으며, 마침내 가슴 아픈 도산의 사례도 남기게 되었습니다.

순서를 지키는 것도 중요하지만, 확실한 구조위에 방향을 설정하고 리듬에 맞추어 자금을 집행하는 시스템이 작동되도록 철저한 관리가 필요합니다.

사업의 성공과 실패의 원인은 자금의 집행과 관리에 있다는 사실을 명심하고 대책을 세우고 반드시 지켜야 합니다.

11) 일을 수행하는 조직의 구성과 운영시스템은 구축되어 있는가?

일을 직접 수행하고 결과를 만드는 것은 최종적으로 사람이 하는 것으로, 아무리 첨단장비나 자동화 시스템이 구축되어 있다고 하더라도 조직을 구성하고 충성스러운 활동을 할 수 있도록 생활의 안정과 보상을 해 주어야 합니다.

작은 돈을 아끼려고 사람을 놓치면 똑같은 사람을 찾거나 더 우수한 사람을 찾기가 매우 어렵다는 사실을 인지하고, 나와 함께 끝까지 일을 같이 할 수 있는 환경과 여건을 조성해 주어야 됩니다.

사육이 가능한 소 돼지와 같은 가축은 먹을 것을 주면서 관리할 수가 있지만, 사람은 고쳐 쓸 수가 없는 것으로 한 번 틀어지면 제자리에 돌아오는데 많은 시간이 필요하고 비용지출이 크게 됩니다.

인적 조직을 구성하는데 있어서 천성, 심성, 인성을 확인하고 일정시간을 두고 실제로 지켜보고, 신중하게 동반자와 종사원을 확보하고 채용해야 할 것입니다.

12) 초격차 기술력확보와 생산은 준비되어 있는가?

독창성과 창조성에 의한 독보적인 초격차 기술력이 확보되었는지, 수요에 맞출 수 있는 양산체제구축이 가능한지를 준비해 두고 자금운영상황에 맞추어 절차와 순서에 따라 일을 진행해야 합니다.

기술력이 확보되고 직접 또는 OEM 생산이 가능하다고 판단되었으면 거래처와 계약에 의한 공급과 대금결제 조건에 관하여 명확한 기준을 명시하고, 상호이익과 지속적인 발전을 이룰수 있도록 안전장치를 마련해 두어야 됩니다.

상호 신뢰를 바탕으로 계약을 체결하고 일을 추진하고 있으나, 추진하는 과정에서 돌발적인 상황이 발생되어 수정하거나, 계약을 해지해야 할 상황이 발생되기도 한다는 사실을 인정하고 위험에 대한 대비책도 만들어 두어야 합니다.

그렇다고 일을 추진함에 있어 지나친 두려움이나 일어나지도 않을 걱정과 완벽하려고 하지 말고, 그 어떤 핑계도 대려고 하지 말 것을 부탁드리며 용감하게 도전하고 시도하는 의지가 필요합니다.

13) 판매시장 개척의 순서를 정해둔다.

생산한 상품의 판매를 위해서는 시장을 만들고, 효율성과 지속가능성이 유지될 수 있도록 전략과 전술을 준비해 두고, 순서에 따라 시장을 공략하고 소기의 목적을 달성하는 것입니다.

시장에는 다양한 상품이 진열되어 있으며, 유통경로에 따라 조직적으로 움직이고 있어 틈새를 찾기 어려울 뿐만 아니라 진입장벽이 높다는 사실을 인지하고 해결방법을 찾아야 합니다.

시장을 지배할 수 있는 상품이 되어야 선순환 구조가 만들어지고, 지속적인 발전과 주도권을 행사할 수 있다는 것을 명심하고, 경쟁에서 이기고 차별화된 상품의 이미지와 소비자에게 사랑을 받을 수 있는 상품을 공급해야 됩니다.

특히 가격에 비해 품질이 우수한 상품을 지속적으로 공급하면서, 소비자 선택의 필수가 되도록 서비스 제공과 명품으로 자리매김 하도록 해야 합니다.

시장을 주도하기 위해서는 독창적이고 창의적인 상품을 출시하고 소비자의 욕구를 충족시켜야 됩니다.

14) 대량생산에 필요한 부품의 조달을 위한 협력업체 선정은 가능한가?

시장 수요에 맞추기 위하여 대량으로 생산해야 할 상황에 대비한 부품의 조달에 관한 협력업체를 선정하고, 전문화 된 생산관리 시스템을 구축하여야 합니다.

대량생산은 사전 주문에 의한 것으로 부품 조달에 관하여 협력 업체를 분산시키고, 세분화하여 납품을 받을 수 있는 일정에 맞출 수 있도록 조치해 두어야 됩니다.

상품의 주문과 공급은 계약서에 의한 약속으로서 정해진 날짜에 공급해 주어야 되는 것이며, 품질과 성능에 조금도 이상이 발생되지 않아야 대금수령이 가능한 것입니다.

글로벌 경제 영토를 확보하고, 시장을 지배하기 위해서는 양산체제를 갖추고, 지속적인 공급과 선순환 구조가 형성되고 생산관리 운영시스템이 원활하게 작동되어야 됩니다.

수요와 공급의 안정성 유지를 위해서는 협력업체에 대한 믿음과 지정 된 날짜에 정확하게 맞추어야 합니다.

15) 상품의 보관을 위한 물류센터는 확보되었는가?

상품의 수급조절에 필요한 적정재고를 유지하기 위한 보관과 물류관리센터를 확보해 두어야 하는 것이며, 생산과 공급에 관한 수급관리 시스템을 구축하여 운영해야 분쟁이 발생되지 않게 됩니다.

계약서에 의해 발주와 주문을 받게 되고 정해진 시간에 상품을 공급해 주어야 하는 것으로, 상품의 상시비축물량을 유지하는 것이 필요한 것입니다.

상품의 적정재고관리는 자금의 운영과 생산에 연계 된 사항으로서, 수급조절이 원활하게 이루어지면서 생산과 공급의 균형을 유지하고 자금운용의 유용성을 높일 수 있습니다.

종사원들로 하여금 상품도 현금과 같다는 것을 교육을 통해 알아차리도록 해야하는 것이며, 상품의 재고관리에 관한 수칙을 준수하여 품질이 변하지 않고 안전하게 보관 되도록 해야 됩니다.

16) 입출고 상하차 배송시스템은 갖추고 있는가?

물류센터 운영을 위해서는 상하차 입출고 업무를 담당하는 인력을 배치하고, 장비의 활용과 안전수칙을 준수하고 배송에 관한 운송 차량관리까지 훈련시켜야 합니다.

물류센터에 상품이 움직이는 시간이 새벽이나 야간에 이루어지는 것을 감안하여, 상하차와 입출고가 차량의 도착과 동시에 작업을 수행할 수 있는 일괄시스템을 구축해 두어야 합니다.

오래 전에 물류센터를 운영해 본 경험이 있지만, 지금과는 완전히 다른 형태로, 인력에 의한 상하차 작업과 지게차를 이용한 입출고 작업이 수행되는 것으로 많은 시간이 소요되었습니다.

지금은 상업의 발달로 인하여 우수한 장비가 배치되고 전산관리에 의한 시스템이 작동 되고 있어, 운송차량이 물류센터에 도착하는 동시에 상하차와 입출고 작업이 이루어지고 지정된 호실에 상품을 보관하게 됩니다.

17) 수출입에 관한 관세사와 물류회사는 지정하였는가?

글로벌 시장경제에 맞추기 위한 상품의 공급시장 배분율을 내수 30%, 수출 70%로 계획하고 있는 상태에서, 비중이 높은 수출입에 관한 업무를 원활하게 수행하기 위한 대책을 수립해야 합니다.

상품의 수출입에 관한 업무를 대행할 수 있는 통관 업무에 능통한 관세사를 지정하여 운영하는 것이 전문성과 효율성을 높일 수 있다고 판단됩니다.

실질적인 상품을 지정된 항구에 운송하는 것은, 선박으로서 해상운송의 물류관리를 담당하고 있는 물류회사를 지정하여 운영하는 것이 좋습니다.

수출입에 관한 업무를 수행할 담당자를 지정하고 해당 항구를 관리하는 시스템을 갖추고, 진행과정을 공유하도록 훈련시키고 지원이 가능하도록 조치해 두어야 합니다.

해당 국가별 수출입 업무를 대행할 수 있는 대행사를 지정하고, 권한과 책임을 부여함과 동시에 현지에서 발생하는 것에 대한 해결과 처리상황을 보고 하도록 해야 합니다.

18) 해외 거래선은 확보되고 신용조사는 완료하였는가?

글로벌 시장진출을 위한 해외 거래선을 확보하고 신용조사를 하는 것은, 믿고 거래하는 가능성을 파악해 보는 필수사항이라고 생각하고 있습니다.

상품을 수출하고 대금결제를 받지 못하게 되면 경영상 막대한 지장을 초래하고, 생산과 공급에 관한 수급조절의 균형을 유지할 수 없게 된다는 사실을 인지하고, 해당 국가의 보증이 가능한 방법을 찾아 안전장치를 마련해 두어야 합니다.

수출입을 시작하기 전에 수출입에 관한 사업성 검토와, 발생할 수 있는 예상 문제점을 점검해 보는 과정에서 나타나는 현상으로서 누구나 경험해 본적이 있다고 봅니다.

국가간의 수출입에 관한 거래에 분쟁이 발생하였을 때, 국제법과 무역에 관한 협정에 명시되어 있지만, 문제점이 발생하면 많은 시간과 비용이 발생되고 실질적인 업무에 커다란 부담으로 작용됩니다.

수출입에 관한 상대국의 동반자 선정에 관한 철저한 검증과 확인 절차를 수행하기 바랍니다.

19) 수출입에 관한 문서처리는 완료 되었는가?

수출입은 국제적인 거래관계로, 처음부터 끝까지 명확한 사실과 근거를 확보해 두기 위한 문서화 시키는 작업이 필요한 것입니다.

그동안의 경험을 비추어 보더라도 수출입 과정에서 서로 이해 하고 그냥 넘어간 것들이 분쟁의 불씨가 되어, 큰 산을 태우는 결과를 초래하는 광경을 지켜보기도 하였습니다.

평상시에 문서는 효력을 발동시키지 않고 문제점이 발생하게 되면 책임에 관한 원인과 이유를 밝히고, 손실에 대한 책임이 따르게 됩니다.

세상에 인성이 착하고 좋은 사람들이 많이 있기를 바라지만 현실은 그렇지 않다는 사실을 몸과 마음으로 뼈저리게 경험한 기억이 있는 수출입 관련자들의 이야기를 경청해 보면 이해가 될 것입니다.

인간의 존재 이유와 가치에 대한 명확한 기준과 원칙을 지키는 사람에 반해, 생존을 위한 처절한 몸부림과 탐욕이 넘치는 일부 나쁜 생각을 가지고 있는 사람들이 물을 흐리게 만들고 사회를 혼란스럽게 합니다.

20) 대금결제에 관한 안전장치는 마련해 두었는가?

상품의 거래에 관하여 내수와 수출입에 관계 없이, 대금결재에 관하여 안전장치를 만들어 두어야 한다는 것은 필수사항이라는 것을 알아차리고 실행에 반드시 옮겨야 합니다.

지구촌에 살고 있는 모든 사람의 생각과 마음이 다르다는 것을 인정하고, 금전적인 거래와 관련한 대금결제는 확실하게 해야 하고 서로가 약속을 지킬 수 있는 방법을 찾아야 됩니다.

상품을 거래하면서 공급한 상품이나 서비스제공을 통해 발생한 대금결재를 완전하게 하기는 어려운 것이 사실이나, 나의 기준이나 원칙이 확실하고 정확한 방향을 설정해 두고 실행을 한다면 최대한 방어 할 수가 있습니다.

상품을 공급한 것에 대해 현금이 아닌 물품으로 교환하는 방법이나, 상대방이 가지고 있는 기술이나 용역의 대가로 상계처리 방법도 생각해 볼 수가 있다고 봅니다.

21) 상품의 생산능력과 가동률은 높일 수 있는가?

상품의 생산능력을 높일 수 있는 방법은 가장 잘 하는 업체에 생산업무를 분담시키고, 집중과 몰입을 할 수 있는 환경을 조성해 주는 것이라 생각합니다.

생산에 필요한 종자를 확보하고 생육관리와 수확하는 과정에 관한 것에만 몰입하여, 생산량 증대와 품질향상에 집중하는 것이 경쟁력을 높일 수 있습니다.

가공 공장에서는 설치되어 있는 설비가 쉬지 않고 돌아갈 수 있는 주문이 있어야 가동률을 높일 수 있으며, 원가절감에 의한 가격경쟁력이 생기게 됩니다.

상품의 생산능력과 가동률이 원가에 미치는 영향이 가장 큰 것으로, 주문과 공급에 맞추어 적정한 생산과 재고관리를 통해 수급에 차질이 발생하지 않도록 해야 할 것입니다.

생산의 방법에는 직접방식과 위수탁 계약재배, 출하약정 OEM 생산 등이 있으며, 가장 효율성과 지속 가능성에 맞추어 선택하는 것이 좋습니다.

22) 생산 공정은 확인 하였는가?

생산관리 시스템이 작동되고 있는지, 생산 공정과 위생적이고 안전한 관리수칙을 준수하고 있는지, 수시로 확인하고 점검해 보아야 합니다.

생산과정에서 발생하는 문제와 사고는 '이렇게 해도 괜찮겠지'하는 안일한 생각과 안전수칙을 무시하고 자기 편한대로 하고 싶은대로 행동하는 것이 대부분이라는 것은 사실로 조사된 것으로 알고 있습니다.

제조공정상의 절차와 순서를 무시하고 집중과 몰입을 하지 않거나 정성을 다하지 않았을 때에는, 상품의 품질과 맛으로 평가 될 수가 있습니다.

생산공장 현장을 확인해 보면, 청소와 관리상태를 한 눈에 볼 수가 있으며 종사원들의 마음가짐이 현장에 녹아있다는 것을 느낌으로 알게 됩니다.

생산에 관한 위생과 안전관리에 대한 교육과 훈련을 통해 몸으로 습관화 되어 있으면, 방문이나 체험을 위해 현장을 확인해 보면 바로 관찰할 수가 있습니다.

23) 가공 시스템은 점검하였는가?

가공관리시스템이 정상적으로 작동하고 있는지 확인과 점검을 해 두고, 언제든지 생산이 가능하도록 준비해 두는 습관을 기르고 종사원 교육과 훈련을 시켜야 합니다.

주문과 공급에 관한 의뢰서가 언제든 도착하여도 바로 생산에 돌입할 수 있는 체제를 갖추고, 생산성 향상과 품질관리 개선에 노력 해야 됩니다.

첨단시설과 장비를 갖추고 있다고 하더라도 운영하는 사람들의 자세가 중요하다는 사실을 알고, 인성교육과 내가 하는 일이 사회에 미치는 영향에 대해 숙지시킬 필요가 있습니다.

상품의 생산과 품질은 종사자들의 마음가짐에 따라 다르게 나타난다는 사실을 인정하고, 경영자와 생산자간의 소통과 화합을 통해 개선할 사항을 발견하고 실제로 적용하는 통합이 이루어져야 합니다.

상품에 종사하는 모든 사람의 마음이 하나로 뭉치게 되었을 때 완성도가 높은 상품과 우수한 품질을 유지할 수가 있습니다.

24) 일관시스템을 구축하고 시험 가동해 보았는가?

절차와 순서를 지키고 일관시스템이 작동하고 있는지 시험 가동을 해 보면, 미비한 사항과 수정 보완해야 할 것이 무엇인지 알 수가 있습니다.

인생 황금기를 맞이하여 중간 점검을 해 보고, 좋은 것은 계속 발전을 시키고, 특별한 사람들의 기술과 능력은 후손에 물려줄 수 있도록 전수와 이수의 과정을 거쳐 전통을 이어갈 수 있는 경영자를 양성하는 일을 추진하고 있습니다.

살아가는 과정에서 만나는 물결과 흐름에 따라 변화 된다는 것을 알고, 가장 바람직한 것이 무엇인지 현재의 상태에서 점검을 해 보고 할 일과 해서는 안 되는 일을 구별하는 작업을 수행하고 있습니다.

인생에 정답은 없으나 나 자신이 그 답을 찾아가는 것이라는 것을 믿고, 확신과 자신감을 가지고 일관시스템을 구축함과 동시에, 인격과 올바른 성품을 가지고 인류에 공헌하고 봉사하면서 세상을 널리 이롭게 하도록 열정과 땀과 노력으로 세상을 바꾸어 가려고 합니다.

6. 리듬

1) 물같이 흐르도록 리듬을 맞추어 간다.
2) 아름다운 음악에 맞추어 소리를 분출한다.
3) 아무리 흔들려도 균형을 잡고 추락하지 않도록 한다.
4) 파도의 물결에 올라타고 자연스럽게 활동해야 한다.
5) 생산 종사원 간의 소통은 잘 되고 있는가?
6) 대립과 갈등 경쟁현상은 제거할 수 있는가?
7) 화합에 의한 상생의 길을 만들 조직체 전환은 가능한가?
8) 가공시설은 안전하고 위생적으로 준비되어 있는가?
9) 가공공장의 제품생산에 대한 장인정신은 살아 있는가?
10) 상품의 생산은 종사원의 정성에 따라 맛이 다르게 된다.
11) 중심을 잡고 있으면서 흔들리거나 추락하지 않도록 리듬을 탑시다.
12) 지금 내가 하고 있는 일에 리듬을 맞추고 있는가?
13) 건강한 생활을 위해 자기관리를 하고 있는가?
14) 아침에 일어나자마자 해야 하는 행동사항은?
15)) 아침식사는 거르지 않고 정해진 식단에 따라 섭취하고 있는가?
16) 장내 환경개선을 위한 음식의 섭취방법과 양을 조절하고 있는가?
17) 정신건강을 위해 뇌운동과 명상을 통해 머리를 편하게

해주는가?
18) 마음의 씨앗을 뿌리고 잘 관리하고 있는가?
19) 생채 리듬을 파동과 주파수에 맞추어 보는가?
20) 활동에 지장이 없도록 운동을 하고 있는가?
21) 좋은 친구와 소통과 만남을 유지하고 있는가?
22) 여행을 통해 마음의 정리와 신선함을 주입하는가?
23) 가족과 소통과 화합을 통해 사랑과 정을 나누고 있는가?
24) 행복한 생활의 리듬은 생각 마음 행동에 따라 조절해야 한다.

1) 물같이 흐르도록 리듬을 맞추어 간다.

세상을 관찰하면서 감정에 이끌리지 말고, 나의 호흡에 맞는 리듬을 갖추고 물같이 자연스럽게 흐르도록 해야 합니다.

우리는 감정에 따라 흔들리고, 남들과 비교하면서 불행을 만든다는 사실을 망각하고 일어나지도 않을 걱정을 하면서 시간을 낭비하고 있다는 사실을 스스로 깨달아야 됩니다.

중심을 잡고 확고한 의지와 자신감을 가지고 살아가야 함에도 불구하고, 해서는 안되는 비교와 걱정과, 해 보지도 않고 온갖 핑계를 대면서 게으름을 피우는 나쁜 습관은 버려야 합니다.

하루에도 수 없이 변화되는 상황에서 나를 지키고, 흔들리더라도 추락하지 않으려면 나의 리듬을 만들고 반복과 훈련을 통해 습관으로 자리 잡도록 해야 됩니다.

나 자신을 지키고 사랑하면서 바람이 불어오든, 비가 내리든 계절의 변화에 아랑곳하지 말고, 중심을 확실하게 잡고 감정에 휘둘리거나 반응하지 말고 리듬에 따라 움직이기 바랍니다.

2) 아름다운 음악에 맞추어 소리를 분출한다.

아름다운 음악에 맞추어 소리를 분출하듯이 리듬감각을 가지고 즐겁고 신나게 살아간다면, 아무것도 부러울 것이 없으며 사는 것이 행복하게 됩니다.

세상에 일어나는 현상을 바라보면서 즉각적인 반응을 보이지 말고 느긋하게 생각할 수 있는 여유 시간을 가지는 것이 일을 망치거나 손실을 줄이게 될 것입니다.

우리는 너무 급하게 살아가고 있으며, 무조건 빨리빨리 조급한 마음으로 화를 내거나 열변을 토하면서 상대와 대화보다 논쟁을 하고 있다는 사실을 알아차리고 나쁜 습관을 버려야 합니다.

서두르지 않고 조용히 일을 처리하여도 충분하다는 생각을 하는 것과 동시에, 자신을 거울에 비추어 보고, 현재의 상태와 마음가짐을 어떻게 하는 것이 가장 바람직한 행동인지 알아야 됩니다.

아름다운 음악과 자연의 소리에 가까운 리듬이 살아숨쉬는 형태를 만들고, 수시로 변화되고 있는 상황에 반응하지 말고 잠시 멈춤을 통해 대응책을 만드는 것이 좋습니다.

3) 아무리 흔들려도 균형을 잡고 추락하지 않도록 한다.

세상은 요동치고 흔들리면서 변화되고 있으며, 나를 지킬수 있는 방법은 아무리 흔들려도 균형을 잡고 리듬에 따라 움직이고 추락하지 않도록 해야 합니다.

상황의 변화와 물결이 흐르는 방향이 정확하지 않고, 사회가 혼돈 상태에 있음에 따라 본질과 핵심을 찾을수가 없으며, 상식과 공정에 의해 투명한 경영이 이루어져야 함에도 불구하고 이해가 안되는 현상이 많이 나타나는 것입니다.

정보가 넘치는 가운데 정확한 정보를 식별하기가 어려운 상태이며, 무엇을 하는 것이 나에게 적합한 것인지 분별하기가 어려움에 따라, 그때그때 감정에 즉각적인 반응을 하면서 중심을 잃게 됩니다.

어느 방향을 바라보아도 마음에 쏙 드는 구석이 없고 어색하거나 부족한 느낌이 드는 것은, 확실한 나의 정체성과 옳고바른마음이 자리 잡지 못하는 것을 고치고, 정신적인 방황을 그만 두고 마음의 씨앗을 심고 싹틔워야 합니다.

4) 파도의 물결에 올라타고 자연스럽게 활동해야 한다.

세상을 지휘 통솔하기 위해서는 파도의 물결에 올라타고 자연스럽게 어려움을 극복하고, 감정에 휘둘려 우왕좌왕하고 있는 사람들로 하여금 올바른 방향으로 가도록 길을 열어주어야 합니다.

지금은 인공지능 로봇산업 시대의 중심이 되고 있는 상황에서, 어떠한 행동을 하는 것이 함께 어울리고 즐겁고 기쁘게 생활 할 수 있는지에 대해 나에게 적합한 리듬을 만들어야 됩니다

변화의 상황을 읽지 못하고, 공부하지 않고 모른다고 가만히 앉아 있을 것이 아니라, 쳇 GPT 유튜브 앱 등을 통하여 얼마든지 배울 수 있는 환경이 조성되어 있다는 사실을 인지하고 받아들이고 배워야 합니다.

그 어떤 핑계나 변명이 통하지 않는 세상이 되었다는 것을 **뼈**저리게 느끼고, 살아남기 위해서는 나를 바꾸고 과거에 머물러 있지 말고, 남아있는 시간을 활용하여 열정과 혼을 불어넣고 신나게 사는 것이 행복이며 말로만 하지 말고 실제로 행동으로 옮겨봅시다.

5) 생산종사원 간의 소통은 잘 되고 있는가?

상품의 생산을 활성화하고 효율성을 높이기 위해서는 직접적인 생산에 관여하고 있는 종사원 간에 소통이 이루어지고, 화합을 통해 한마음이 되어야 성과와 효율성이 높아지게 됩니다.

날마다 마주치고 함께 활동하는 공간에서 그 무엇보다도 중요한 것은 호흡이라 생각되며, 좋은 분위기를 조성하고 리듬에 따라 움직이는 조직으로 변화시키는 것이 좋습니다.

종사원 개인의 의견에 따라 전체를 희생시킬 수는 없지만, 소수의 의견을 존중하되 공동체 의식과 소통에 의한 이해를 시키고 반복적인 교육과 훈련에 의해 통합적이고 올바른 마음이 정착되도록 해야 됩니다.

생존을 위한 생산 활동을 멈출 수 없는 상황에서 날마다 만나는 얼굴을 찌푸리고 있을 것이 아니라, 밝고 맑은 미소가 얼굴에 나타나게 만드는 것은 경영자와 종사자간의 소통과 이해를 통해 하나로 뭉치는 것이라 생각되며 기업문화로 정착시켜야 할 과제입니다.

6) 대립과 갈등 경쟁현상은 제거할 수 있는가?

사회가 구성 되고 조직이 만들어지게 되면, 다양한 의견충돌로 인하여 대립과 갈등 현상이 나타나는 것은 당연한 것으로 받아들이고 해결책을 만들어야 합니다.

대립과 갈등의 원인은 편 가르기와 더 많이 가지려는 탐욕에서 비롯된 것으로, 명확한 기준과 원칙을 정하고 반드시 지키도록 조치하는 것이 해결방법이라 생각하고 있습니다.

그 어떤 조직이라도 권력에 관한 욕심을 부리고 일의 성과와 결과에 의한 이익을 많이 가지려고 하는 탐욕이 존재하는 상태에서는, 대립과 갈등 현상은 멈추지 않는 다는 사실을 알아차리고 지휘통솔의 능력을 발휘해야 됩니다.

이러한 현상을 사전에 예방하기 위해서는 기준과 원칙을 정하고, 절차와 순서에 따라 일할 수 있는 환경을 조성하고, 흐르는 물과 같이 자연스러운 여건을 만들고, 칭찬과 응원을 하고, 잘 한 것에 대한 포상과 보상을 실행하고, 잘못에 대한 처벌을 집행하는 것이 좋습니다.

7) 화합에 의한 상생의 길을 만들 조직체 전환은 가능한가?

조직을 구성하고 운영한다는 것은 마치 오케스트라를 지휘하는 것과 비슷하다는 생각을 하고 있으며, 화음과 리듬을 맞추기 위해서는 지휘에 따라 연주하고 호흡을 맞추어야 아름다운 소리가 분출되는 것입니다.

이 세상을 살아가기 위한 생존전략과 인간관계를 형성하는 중요한 요소는, 소통과 절차와 순서에 따라 속도를 조절하면서 상생의 길을 열어가는 것이라 생각하며, 그 누구도 이탈하지 않고 함께 어울리고, 믿어주고, 안아주고, 사랑할 때 가능하게 됩니다.

지휘자의 인성과 지도력에 따라 단원과 종사원의 마음가짐이 다르고, 함께 하고자 하는 의지와 자부심이 다르다는 사실을 인지하고 이끄는 방법과 참여에 관한 대책을 만들고 실제로 실행해 보아야 합니다.

결과에 초점을 맞추지 말고 진행하는 과정에서 시련과 고통도 있지만, 피와 땀을 쏟아 붓고 열정을 다함으로서 느낄 수 있는 진정한 맛과 멋을 알아차리면 성취의 보람과 완성의 희열보다 더 좋습니다.

8) 가공시설은 안전하고 위생적으로 준비되어 있는가?

상품을 만들어 세상에 내 놓는다는 것은 하나의 축복이고, 많은 사람들에게 혜택을 주고, 업무의 효율성과 지속가능성을 지키는 선순환 구조를 만들 수 있음에 감사하고 고맙게 생각하고 있습니다.

나와 내 가족이 먹는다는 생각으로 먹을거리 상품은 위생적이고 안전한 시설을 갖추고, 경영자와 종사원들이 한마음이 되어 정성을 다하여야 맛있는 음식으로 탄생하는 것입니다.

똑같은 재료를 사용 하여도 만드는 사람의 정성에 따라 맛이 다르게 된다는 사실을 알고 있으며, 어머니의 손맛이라고 표현하기도 합니다.

인간의 생존을 위해서는 음식을 먹고 건강을 유지하는 것이고, 좋은 사람들과 만나면 반드시 하는 행동이 맛있는 음식을 나누어 먹으면서 정을 나누고, 하고 싶은 이야기를 하면서 즐거운 시간을 함께 보내는 것입니다.

9) 가공제품 생산에 대한 장인정신은 살아 있는가?

세계적인 명품으로 자리매김하기 위해서는 많은 노력이 필요하고, 처음부터 끝까지 열정과 혼을 불어넣고 최선을 다해야 한다는 사실을 장인 정신을 가지고 있는 사람은 알고있습니다.

상품생산에 대한 연구개발과 특별한 기술을 연마하여 그 누구도 쉽게 따라 할 수 없는 능력을 보유하고 있으며, 손으로 만드는 명품도 있지만 수요가 많아 우수한 시설에서 생산하여 공급하기도 합니다.

소비자의 욕구를 충족시키고 인기상품으로 자리매김 하고, 입소문으로 알려져 있다면 처음부터 끝까지 책임지는 자세가 중요한 것이며, 천연기념물 인간문화재급의 위상에 맞는 장인정신을 굳건히 지키고 소비자와의 약속을 철저히 이행해야 됩니다.

나를 믿고 상품을 만드는 종사원과 하나가 되어, 상품에 어떠한 흠집이나 결점을 찾아 볼 수 없을 정도의 명품으로 지속가능성을 유지하는 장인정신을 발휘해야 합니다.

10) 상품의 생산은 종사원의 정성에 따라 맛과 품질이 다르게 된다.

상품을 식품에 기준을 두고 생각해 보면, 음식의 맛과 멋을 살리고 균일한 품질을 유지할 수있는 방법은, 종사원의 마음가짐에 있다는 사실을 알아차리고 운영관리를 잘해야 합니다.

소비자의 입맛에 맞추기 위해서는 계층별 성향을 파악하고 생산비율을 조율하고 조정하는 것이 필요하며, 소비량에 따라 수급조절과 세상의 흐름에 맞추어야 됩니다.

기능성 식품에서 건강에 도움을 주는 생명바이오 농축 발효에 관한 시장성이 있으며, 장기적으로 발전 가능성이 높으며 휴대가 간편한 소형화 경량화 기능화를 할 수 있는 가능성이 있다고 봅니다.

식품은 인간의 생명을 유지하고, 먹는 즐거움을 제공하고, 인간 관계를 부드럽게 만드는 촉매제 역할을 한다고 생각되며 맛있는 음식을 먹을 때는 화내는 사람이 없다는 사실을 누구나 알고 있습니다.

11) 중심을 잡고 있으면서 흔들려도 추락하지 않도록 리듬을 탑시다.

내가 중심을 잡고 있으면 세상이 아무리 흔들려도 추락하지 않는 방법을 찾을 수 있다고 생각하며, 리듬을 갖출 수 있다면 나의 리듬에 다른 사람이 따라오도록 지도력을 발휘할 수가 있습니다.

그동안에 참으로 많은 도전과 시도를 하였으며, 시련과 고통을 겪으며 왜 이일을 하는지를 몰랐지만, 최근에 와서 그 이유를 알아차리게 되었고, 그것이 사상가로서 역할을 다하라는 나의 사명임을 받아들였습니다.

각자 맡은바 임무와 사명이 다르다는 것을 인정해 주고, 존중과 존경에 의해 아름답게 실현되고 꽃이 활짝 필 수 있도록 응원과 지원을 해 주는 배려와 사랑이 필요합니다.

'옳고바른마음' 인성교육과 훈련을 통해 반복적인 행동으로 몸에 익히고 습관으로 자리 잡도록 가르치고, 마음의 씨앗을 심고 싹 트고, 잘 자랄 수 있도록 환경을 조성해 주고 정성을 다 해야 할 것입니다.

12) 지금 내가 하고 있는 일에 리듬을 맞추고 있는가?

지금 내가 하고 있는 일은 인간관계를 형성하면서 알게 된 것이며, 특별한 기술과 능력을 연마하여 초격차 기술과 독창적이고 창의적인 상품을 개발하였으나 아직 시장에 내놓지 못하고 있는 상태입니다.

하늘에서 한 사람에게 모든 능력을 부여한 것이 아니라, 개인의 적성과 능력에 따라 세상을 밝히고 많은 사람들에게 혜택을 줄 수 있는 사명을 주었다고 믿고 있습니다.

지금은 혼자서 해결 할 일이 아주 제한적인 상태이며, 접목과 협업에 의해 완성도를 높일 수 있다는 사실을 누구나 인정하고 있습니다.

따라서 나의 역할은 연결고리와 통로를 만들어 전수와 이수에 관한 작업을 수행하면서 발랄한 청춘들의 천성, 심성, 인성을 파악하고, 경영자로서 임무와 책임을 다할 수 있도록 인재를 양성하고 있습니다.

수많은 시간과 노력을 투자하여 찾게 된 보석과 같은 보물을 빛나게 해야 한다는 의지와 자신감을 가지고 실행하고 있으며 찬란한 유산으로 만들려고 합니다.

13) 건강한 생활을 위해 자기관리를 하고 있는가?

활기차게 활동하기 위해서는 건강이 뒷받침 되어야 한다는 사실을 인지하고, 건강한 생활에 필요한 자기관리 시스템을 만들어 실제로 지켜야 됩니다.

건강을 위한 기본적인 사항은 잘 먹고, 잘 놀고, 잘 쉬고, 잘 자는 습관을 기르고, 너무 많은 생각을 하는 것 보다 날마다 걷기 운동을 생활화하는 것이 좋습니다.

피로감이 몰려오거나 머리가 아프면 잠시 멈춤을 통해 휴식을 취하고, 조용히 눈을 감고 아무런 생각을 하지 말고, 그냥 모든 것은 다 지나간다는 가벼운 마음을 가져야 합니다.

혼자서 활동하지 못하면 아무것도 할 수 없다는 사실을 인정하고, 내 몸과 마음은 내가 지킨다는 각오로 건강을 잘 관리해야 되며, 인생 황금기를 맞이하고 있다면 돈 아끼지 말고 먹고 싶은 것 먹고, 가고 싶으면 여행을 떠나는 것이 좋습니다.

가까운 사람들에게 짐이 되지 않기 위해서라도, 자신의 건강은 스스로 지키는 반복과 훈련을 통해 습관이 되도록 하는 것이 가장 바람직한 방법입니다.

14) 아침에 일어나자마자 해야 하는 행동사항은?

아침에 일어나자마자 잠자는 동안에 내 몸의 의사가 나를 치료하여 주었으며, 치료하는 과정에서 배출시켜 주어야 하는 것들은 입과 항문으로 이동시켜 두었다는 것을 믿고, 대소변을 배출하고 입 안에 고여 있는 이물질을 제거해야 됩니다.

장내 환경개선을 위해 미지근한 물 한 컵을 마시는 것을 잊지 말고, 습관화 시키고 아침식사는 미리 짜놓은 식단에 따라 체질에 맞는 방법을 선택하여 적용하시기 바랍니다.

잠자리에서 일어날 때에도 바로 일어나지 말고, 몸을 뒹굴뒹굴 하면서 충분히 풀어주고, 비틀기 흔들기 등의 가벼운 운동을 하면 돌발적인 사고를 예방할 수가 있습니다.

아침에 일어나서 행동하고 있는 각자의 방법에 따라 건강한 생활을 위해 이행하고 있을 것으로 생각됩니다.
정신과 마음을 안정시키는 사색과 명상의 시간을 가지는 여유도 필요한 것이며 너무 서두르지 맙시다.

15) 아침식사는 거르지 않고 정해진 식단에 따라 섭취하고 있는가?

내 몸을 튼튼하게 유지하기 위해서는 음식의 섭취와 식단관리를 잘 해야 한다는 사실을 인지하고, 각자의 체질에 따라 다르겠지만 일반적으로 아침식사는 거르지 않는 것이 좋다고 생각합니다.

아침식사의 선택은 내가 할 수가 있으며, 나의 체질과 취향에 맞는 식단을 구성하여 지속적으로 적용하는 것이 바람직하다고 생각하며, 건강한 생활을 위해 실제로 지켜야 됩니다.

외부에서 활동하는 상황에서는 정해진 식단을 지키기 어려운 상황이지만, 될 수 있으면 한 가지 음식만 섭취하지 말고 골고루 영양과 맛의 균형을 잡는 방법을 찾아야 할 것입니다.

인간의 생활에 음식은 매우 중요한 요소로 맛과 멋을 즐기는 여유를 가지고, 좋은 사람들과 함께 어울리고 맛있는 음식을 먹으면서 대화와 따뜻한 정을 나누면 아끼고 사랑하게 됩니다.

16) 장내 환경개선을 위한 음식의 섭취방법과 양을 조절하고 있는가?

건강한 생활에 중추적인 역할을 하는 것은 눈으로 확인할 수는 없지만, 장내의 환경이라고 생각하며 음식의 섭취와 양을 조절해 주어야 합니다.

장내 환경개선에 필요한 음식의 섭취방법과 순서를 지키고 정해진 식단에 따라 한 종류에 편중하지 말고 골고루 양을 조절 하는 것이 좋습니다.

아무리 맛있는 음식이 가득하게 있어도 배가 부르기 전에 수저를 놓는 습관을 길러야 하며, 먹을 때는 좋지만 소화를 시키는 내장은 힘이 든다는 것을 배려해 주어야 됩니다.

음식의 선택과 섭취하는 순서를 살펴보면 눈으로 보고, 코로 냄새를 맡고, 입에 군침이 돌면 먹고 싶다는 신호로 받아들이고 선택을 하고 입으로 섭취를 하는 것입니다.

음식을 먹을 때에는 시끄럽게 떠들다가도 조용해 지면서 맛과 멋에 빠져드는 것이며, 감칠맛과 향기를 즐기고 만족감을 얻게 됩니다.

17) 정신건강을 위해 뇌운동과 명상을 통해 머리를 편하게 해주는가?

세상의 변화속도가 너무 빠르게 됨에 따라 혼란스러운 상황을 맞추기가 어려운 상태이며, 정신을 차리고 있어야 함에도 불구하고 어떤 것이 올바른 것인지 판단하기 쉽지가 않아 정신적 혼돈에 빠지게 됩니다.

정보가 홍수처럼 넘쳐 흐르고 하루가 다르게 변화되고 있는 사회현상을 지켜보면서, 내가 가야 할 방향과 길을 잃어버리고 방황하고 있는 상태입니다.

날마다 평온하고 여유로운 것은 아닐지라도 정신이 혼란하지 않도록 질서가 확립되고, 상식과 공정이 통하는 세상으로 회복되어야 한다는 생각을 하게 되었습니다.

최근에 만나는 사람들마다 하는 말이 '세상이 왜 이렇게 돌아가는지 도무지 알 수가 없다'는 표정과 함께 온갖 불평을 다 늘어놓는 상황을 접하게 됩니다.

정신건강을 위해서는 사색과 명상을 통해 자기의 중심을 바로 잡고, 어떠한 흔들림에도 추락하지 않는 방법을 찾고 본래의 내 자리로 돌아가야 합니다.

18) 마음의 씨앗과 뿌리를 잘 관리하고 있는가?

마음의 씨앗을 간직하고 있으면서 싹을 틔워야 함에도 불구하고 그대로 멈추고 있다는 것을 매우 안타깝게 생각하며, 누군가의 충격이나 도움이 필요한 것입니다.

마음을 잘 다스리기 위해서는 씨앗의 싹을 틔우고 잎과 줄기가 나오게 하고, 무럭무럭 자라서 꽃이 피고 열매를 맺도록 정성과 사랑으로 감싸주어야 합니다.

어려운 상황을 극복하고 바람에 흔들리지 않게 하게 위해서는, 뿌리를 튼튼하게 내리고 마음나무가 잘 자랄 수 있는 환경을 만들어 주어야 하는 것입니다.

완벽한 사람이 되려고 애쓰지 말고 어우렁더우렁 잘 어울리고, 상대의 말을 잘 들어주고 내가 가지고 있는 것을 아낌없이 나누어 주다가 보면 정이 들고 이해하게 됩니다.

사랑을 먼저 받으려고 하지 말고 넓은 가슴으로 안아 주고 믿어 주다가 보면, 가까이 다가오는 것이고 오는 사람, 머무는 사람, 떠나는 사람에 대해 물 흐르듯이 대하고 끝까지 남을 사람은 곁에 남겨두시기 바랍니다.

19) 생채 리듬을 파동과 주파수에 맞추어 보는가?

생활에 활력을 불어넣고 밝고 맑은 마음을 유지하기 위해서는, 생체 리듬을 파동과 주파수에 맞추고 에너지를 주고받으며 조절하는 것이 필요합니다.

사람마다 다르다는 것을 이해하고 나에게 맞는 방법을 선택하고, 우주와 소통하고 자연과 같이 호흡하는 방법을 익히고 부족한 에너지는 끌어당겨 사용하고, 나에게 넘치는 에너지는 발산하여 적정한 상태를 유지해야 합니다.

그동안 살아오면서 생존을 위한 전쟁을 치르면서 내 몸을 돌아볼 시간도 없었지만, 관리를 소홀히 하여 어느덧 세월이 흘러 여러곳이 망가져 있다는 것을 알게 되었다면, 지금부터라도 살아있는 동안 잘 관리해야 됩니다.

나를 대신해 줄 수 있는 것은 아무도 없다는 것을 인정하고 지금 이 순간부터 나의 건강을 위한 생체리듬에 맞추어 파동과 주파수를 활용하여 끌어당김과 방출을 자유롭게 하는 방법을 알아야 합니다.

20) 활동에 지장이 없도록 운동을 하고 있는가?

나를 사랑하는 방법은 그 누구의 도움도 받지 않고 활동에 지장을 받지 않도록 관리해야 한다는 의지를 가지고, 내가 만들어 놓은 규칙과 규율에 따라 행동하고 지켜야 합니다.

각자 원하는 취미활동은 다양한 것을 인정해 주고, 나에게 맞는 운동을 선택하여 그 자체가 즐거운 생활이고, 언제든지 해도 힘들지 않고 재미가 있어야 오래동안 반복할 수가 있습니다.

내가 가장 좋아하는 것이 무엇이고, 그 운동을 할 수 있는 시간과 경제적 자유가 가능한지를 살펴보고, 가장 손쉬운 걷기 운동부터 시작하여 반복적으로 훈련하고 습관으로 자리잡도록 해야 됩니다.

능동적인 운동의 방법에는 언제든지 마음만 먹으면 바로 행동으로 옮길 수 있는 여건을 갖추고 있어야 하며, 처음 시작하기가 어려우면 좋은 친구와 손잡고 가기를 바랍니다.

운동장에 가는 것부터 좋아하고 즐겁고 재미가 있어야 오래동안 지속할 수가 있습니다.

21) 좋은 친구와 소통과 만남을 유지하고 있는가?

세상을 살아가는 즐거움과 기쁨 중의 하나가, 좋은 친구와 만나고 소통하면서 행복을 찾아서 함께 어울리고 뒹굴며, 좋거나 싫거나 시련과 고통을 같이하고 아무리 힘이 들어도 끝까지 지켜주는 것입니다.

좋은 일이 생기면 바로 알리고 어려운 상황이 일어나면 어떻게 하는 것이 좋은지 상의하고, 맛있는 음식이 있으면 나누어 먹으며 희희덕 거리며 웃고 떠들고 별의별 장난을 다하며 놀아봅시다.

몸과 마음의 긴장을 풀어놓고 하고 싶은 대로 할 수 있는 자리를 만들어주고, 어떤 말을 하더라도 가만히 들어 주고, 배가고픈지 어디가 아픈지 물어봐 주고, 가진 것이 없으면서도 무엇이든지 도와주려고 애쓰는 모습만 보아도 행복한 것입니다.

좋은 친구를 찾으려고 애쓰지 말고, 내가 좋은 친구가 되는 방법을 찾아 가까이 다가가서 마음의 문을 열고 들어와서 놀 수 있는 공간을 만들어 주는 것도 좋습니다.

22) 여행을 통해 마음의 정리와 신선함을 주입하는가?

한 곳에 머물러 있으면 답답하고 정신적으로 약하게 되어, 나쁜 생각을 하거나 자해를 하는 사례도 발생하게 된다는 말을 들어 본 적이 있습니다.

세상이 복잡하고 혼란한 상태가 지속되고 있다면 잠시 멈춤을 위한 자기관리 시간이 필요하다는 신호로 받아들이고, 평소에 가고 싶었던 곳으로 훌쩍 여행을 떠나기를 권유하는 바입니다.

여행을 통해 새롭게 나타나는 광경을 관찰해 보고, 현재의 내 위치가 어디인지 생각을 해 보면 자연이 답해 줄 것이라 생각되며, 아울러 멍하니 먼 산을 바라보거나 한 곳을 응시하고 있으면 머릿속이 텅 빈 것과 같은 느낌을 받을 수 있다고 봅니다.

여행지에서 풍기는 색다른 향기와 어색한 풍경이 나에게 말을 걸어 와 신선한 충격을 주거나, 에너지를 충전해 주기도 한다는 사실을 믿고 받아들여 봅시다.

여행을 떠나는 설레임과 낯선 풍경이 나의 관심과 아픈 마음을 달래 준다는 사실을 알아차리고, 어울리고 그 속에 녹아듭시다.

23) 가족과 소통과 화합을 통해 사랑과 정을 나누고 있는가?

인간 행복의 원천은 가족과의 소통과 화합을 통해 믿어주고 아껴주고 정을 나누며 사랑하는 것이라 생각하며, 살아있는 존재의 이유이고 일을 하는 원동력으로 작용하게 됩니다.

왜 사느냐고 물어 본다면, 사랑하는 가족이 있고, 일이 있고 꿈과 희망에 의한 목표와 목적이 있다고 말을 하고 있습니다.

가족이란 그 중에서도 가장 높은 가치와 사랑이 있으며, 행복을 위한 에너지로 작용하고 있다는 사실을 알고 함부로 행동해서도 안되고, 존중과 존경의 마음가짐으로 배려와 나눔을 실천해야 됩니다.

진정한 사랑으로 가득한 집안에는 아름다운 향기가 피어오르고, 얼굴에는 미소를 머금고 항상 밝고 맑은 표정을 지으며 모두의 마음을 편하게 해 줍니다.

좋은 일이 생기면 기쁜 마음으로 알리고 함께 축하하는 자리를 만들고 축제의 분위기를 조성하는 것입니다.

24) 행복한 생활의 리듬은 생각 마음 행동에 따라 조절해야 한다.

인간의 삶을 설계하고 행복한 생활을 위한 리듬을 갖추는 것은, 올바른 생각과 마음자세를 명확하게 하면서 세상과 어울리고 배려와 나눔을 실천하면서 행복을 누리는 것이라 봅니다.

세상은 멈추지 않고 끊임없이 돌아가고 있으며, 그 흐름에 맞추지 못하고 나의 리듬을 명확하게 하지 않으면 흔들리는 상태에서 추락하게 된다는 사실을 알아차리고 버티는 방법을 찾아야 할 것입니다.

남의 감정에 휘말리거나 반응하지 말고 나를 지킬 수 있는 구조 위에 리듬을 만들고, 흔들려도 추락하거나 사라지지 않도록 대책을 만들어야 됩니다.

그동안에 살아오면서 수 많은 도전과 시도를 하였으며, 실수와 반복을 거듭하면서 아직까지 살아있음에 감사하고 고맙게 생각하고 있습니다.

살아있는 동안 더 이상 시간 낭비를 해서는 안된다는 생각을 하게 되었으며, 지금 이 순간부터 기술과 능력을 총동원하여 위대한 작품을 만들기로 하였습니다.

7. 절제

1) 탐욕과 욕망이 끓어오르면 하던 일을 잠시 중단하자.
2) 교만스러운 마음이 작동하면 그 일은 시작하지 말자.
3) 타인이 지나친 욕심을 부리면 고려하고 결정한다.
4) 충분한 수익이 가능해 보여도 던져야 할 때는 던져야 한다.
5) 생활에 필요한 용품 이외에 충동적인 구매를 자재한다.
6) 꼭 필요한 것과 일시적인 것에 대한 구별을 하고 조정한다.
7) 아무리 맛있는 음식이 있어도 과식하지 않고 적정량을 섭취한다.
8) 좋은 인간관계를 유지하기 위해 음주량을 조절한다.
9) 방판 다단계 유혹에 넘어가지 않고 기본을 지킨다.
10) 수입과 지출에 관한 계획에 따라 집행을 한다.
11) 초대받지 않은 장소에 가지 않으며 유행에 민감한 반응을 안 한다.
12) 경조사에 체면을 유지한 과한 지출을 하지 않는다.
13) 감당하기 어려운 무리한 투자를 하지 않는다.
14) 불필요한 유혹에 현혹 되지 않고 나의 정체성을 지킨다.
15) 나에게 해당되지 않는 일은 관심두지 않도록 한다.
16) 남에게 피해를 줄 수 있으면 관심을 두지 않는다.
17) 카지노 카드 사행성 도박에 접근조차하지 않는다.
18) 불법 위험한 사업 등에 참여하지 않는다.

19) 인간관계를 하면서 정치적인 대립이나 갈등 요소를 만들지 않는다.
20) 종교적 자유를 인정하고 대립각을 세우거나 평가하지 않는다.
21) 모임에서 주제와 관계없는 말을 하지 않는다.
22) 남의 말에 토를 달거나 참견하지 않는다.
23) 남의 생각을 억지로 바꾸려하지 않는다.
24) 남의 행동에 대해 평가하지 않는다.

1) 탐욕이 끓어오르면 하던 일을 잠시 중단하자.

탐욕스러운 마음이 생기고 나와 상관이 없음에도 불구하고 욕심이 일어나고, 가지려고 하는 나쁜 심리적인 변화가 생기면 하던 일을 잠시 중단해야 합니다.

세상에 할 일은 수 없이 많다는 것을 알아차리고, 나와 연관되어 있지도 않은 것에 욕심을 부리고 남의 밥그릇에 숟가락 가지고 덤비는 행위는 지저분한 행동이라는 사실을 인지하고 삼가해야 됩니다.

나쁜 생각과 마음이 일어나고 탐욕이 끓어오르면 자신을 제어할 수 있는 제동장치를 작동시키고, 마음을 진정시키는 절제가 필요한 것입니다.

세상을 관찰해 보면 모든 것이 자기 것으로 보일 수도 있지만 커다란 착각이라는 것을 알고, 해야 할 것과 해서는 안 되는 분별력을 가지고 남의 일에 참견이나 간섭하지 말고 내 일에 충실해야 합니다.

내가 서 있을 자리가 없음에도 불구하고, 기웃거리며 한 자리 해 보겠다고 껍적대는 행위는 불쌍하게 보이는 행위로 삼가야 됩니다.

2) 교만스러운 마음이 작동하면 일을 시작하지 말자.

실패의 가장 큰 원인이 되는 것이 교만이라고 생각하고 있으며, 인간관계를 잘 만들어 놓고도 자기 자신을 절제하지 못하고 교만스러운 행동을 함으로서, 상대로부터 거절을 당하게 되는 현장을 목격해 본 적이 있습니다.

좋은 조건을 제시하고 수익이 많이 생길 수 있는 일이라 할지라도, 세상 일을 혼자 다 알고 있고 최고라고 쓸데없는 자랑으로 상대의 자존심을 건드리면, 상황을 악화시키고 상종하기 싫다는 통보를 받게 될 것입니다.

옳고바른마음을 가지고 살아도 경쟁에서 이기기 어려운 상황에서, 세상이 변화된 줄도 모르고, 자기주장만 내세우고 일을 그르치는 행위로 인하여 실패의 요인으로 작용하게 됩니다.

교만으로 인하여 생기는 피해는 혼자만의 손실로 그치는 것이 아니라, 사업전체에 영향을 미치고 이미지 추락과 동시에 경영 악화로 이어진다는 사실을 알아차리고 절제를 통해 교만을 없애야 합니다.

3) 타인이 지나친 욕심을 부리면 고려하고 결정한다.

공동사업을 추진해야 할 상황이 발생되어 협상을 진행하는데 있어서 수용할 것과 수용해서는 안 되는 것에 대한 논쟁이 생길 수 있으며, 상대가 지나친 욕심을 부리거나 억지 주장이 있으면 단호한 결정을 내려야 합니다.

상대의 요구를 전부 수용하면서 수락을 하게 되면 진행하는 과정에서 수없이 부딪치고 논쟁이 발생된다는 사실을 인지하고, 처음부터 확실하게 선을 긋고 권한과 책임을 분명히 하고 수익의 배분에 관하여 숫자로 명시해 두어야 합니다.

살아가면서 참아야 할 일이 많이 생기고 화나는 일도 있지만 자신의 마음을 조절과 조정할 수 있는 습관을 기르고 반복과 훈련으로 극복해야 됩니다.

일을 시작하기 전에 반드시 해야 할 일이라면, 역할분담과 책임한계 수익의 배분에 관하여 문서화 시키고, 약속이행에 관한 계약을 체결하는 것이 좋습니다.

탐욕을 방지하기 위한 안전장치는 말은 사라지고 기록은 남는다는 생각을 가지고 반드시 지켜야 됩니다.

4) 충분한 수익이 가능해 보여도 던져야 할 때는 던져야 한다.

사업을 진행하면서 판단의 시간이 될 때에는, 수익이 가능해 보여도 과감하게 던져야 할 때는 던져야 한다는 생각을 가지고 실제로 행동하는 능력을 길러야 합니다.

시장상황은 멈추어 있지 않고 끊임없이 변화하는 살아있는 생명체라고 생각하고, 공격과 방어의 기점을 찾고 심하게 흔들리는 상황에서는 절제를 통해 참는 것이, 손실을 줄이고 버틸 수 있는 힘이라는 사실을 믿어야 됩니다.

우리가 사는 것은 매일 반복적으로 판단과 결정을 하면서, 그 결과에 따라 수익과 손실이 발생되고 있다는 것을 인정하고 나를 다스리고 버틸 수 있는 힘을 기르고 완급을 조절하는 절제가 필요합니다.

성공은 참고 견디는 힘이고 끝까지 살아남는 것이라는 사실을 인지하고, 요동치는 세상에 흔들리지 말고 나를 조절하고 안정시키는 절제를 실행하기 바랍니다.

5) 생활용품 이외에 충동적인 구매를 자재한다.

생활에 필요한 용품을 제외하고 더 많이 가지려고 애쓰지 말고, 남들과 비교거나 자랑하기 위해 경쟁적으로 충동구매를 자제할 수 있는 절제를 해야 합니다.

살아 있을 때 사용하다가 죽으면 아무것도 가져갈 수 없음에도 불구하고, 소유욕에 의해 무조건 많이 가지려는 탐욕에서 벗어나 홀가분한 상태를 유지하고 생활에 불편함이 없는 정도에서 만족하는 것이 좋습니다.

충동구매가 일어나는 것은 남과 비교하고 경쟁에서 비롯된 것으로, 조금도 뒤지거나 밀리지 않겠다는 자존심의 대결로 손실과 관계 없이 무조건 너 보다는 우월하다는 것을 보여주기 위한 바보스러운 행위라 생각됩니다.

상품을 구매하여 잘 사용하는 것은 좋으나, 보이는 대로 충동적으로 구매하여 산더미처럼 쌓아두고 정리조차 안하는 상황을 목격해 본 경험이 있을 것으로 봅니다.

6) 꼭 필요한 것과 일시적인 것에 대한 구별을 하고 조정한다.

일을 추진하는 과정에서 다양한 형태가 발생하게 되는데, 꼭 필요한 것과 일시적인 현상에 대한 구별을 하고 조절과 조정을 할 수 있는 능력을 길러야 합니다.

살아간다는 것은 시합이나 전쟁과 같다는 생각을 가지고 공격과 방어하는 능력을 갖추고 전략을 잘 세워야 하는 것이며 절제는 전술을 구사하여 실질적인 성과를 올리는 세부적인 대책이 필요한 것입니다.

사업의 장기적인 목표와 일시적인 현상을 응급처리 해야하는 것에 대해 대응책을 만들고, 효율성과 지속가능성에 대한 속도를 조절하고 목적달성을 위한 기준과 원칙이 잘 지켜지고 있는지 수시로 확인해 보아야 됩니다.

살아간다는 것은 매일 판단과 결정을 내리는 반복적인 행위이며, 싸워야 할 때와 지키고 있어야 할 때를 잘 판단하고 잠시 멈추고 가만히 있어야 하는 절제로 조율과 조정에 의한 현명한 지혜를 발휘하는 것이 좋습니다.

7) 아무리 맛있는 음식이 있어도 과식하지 않고 적정량을 섭취한다.

식탐이 있거나 먹는 것을 보고 참지 못하는 사람들은 보이는 대로 거침없이 음식을 흡인다고 볼 수 있으며, 건강을 생각하는 사람은 아무리 맛있는 것이 산더미처럼 쌓여 있어도 배가 부르면 수저를 놓게 됩니다.

과식을 하게 되면 입맛이 당겨 먹기는 하였으나, 이를 받아들이는 위장, 소장, 대장 등에서는 소화를 시키기 위한 비상이 걸려 바쁘게 움직이게 되고, 복부팽만과 압박이 생기고 불편함이 생기는 것입니다.

오늘 하루만 식사하는 것이 아니라는 생각을 하고, 과식을 하지 말고 소식을 하는 연습과 훈련을 하여 습관으로 자리잡을 수 있도록 노력할 것을 부탁드리는 바입니다.

음식의 섭취를 나의 체질과 소화능력을 감안하여 스스로 책정해 놓고 양과 질을 조절해 볼 것을 권장해 봅니다.

8) 좋은 인간관계를 유지하기 위해 음주량을 조절한다.

좋은 인간관계를 유지하기 위해 음주량을 조절하고 상대를 존중하고 존경할 수 있는 것에 대하여, 격려와 칭찬을 아끼지 않도록 할 것이며 지나친 농담은 절제해야 됩니다.

세상을 다스리기 전에 술 먹는 습관을 좋게 만들고, 술에 취해 추한 모습을 보이지 않도록 절제하고 성품과 품격을 유지하는 것이 좋습니다.

때와 장소를 가릴 줄 아는 현명한 행동을 통해 품격을 유지하고 존경받을 수 있는 행동과 정다운 말로 정을 나누는 것이 인간관계를 좋게 만들고, 전체적인 분위기를 즐겁고 기쁜 자리로 만들 수 있습니다.

술은 가슴을 활짝 열고 마음을 털어놓고 자유로운 소통의 촉매제로 작용하는 것이며, 지나치지 않고 절제하고 음주량을 조절한다면 좋은 관계를 지속할 수가 있습니다.

세상을 바꾸려는 마음이 있으면 술 버릇을 고치고, 맛과 멋을 즐기는 선비 정신을 살리고 유머와 품위를 유지하는 것이 좋습니다.

9) 방판 다단계 유혹에 넘어가지 않고 기본을 지킨다.

좋은 사업의 방식으로 만들어진 방판과 다단계가 적용을 잘 못함으로서 나쁜 인상을 주고, 많은 피해를 입히는 사례가 발생 되어 외면당하는 사례가 있습니다.

각자 살아가는 다양한 방법이 있지만, 힘이 약한 사람들과 한꺼번에 돈을 많이 벌고 싶은 사람들이 빠져드는 현상이 강하게 나타나고, 서로 잘 알고 지내는 사람들 간에 주고 받으며 피해의 폭은 늘어나게 됩니다.

방판이나 다단계의 유혹에 넘어가기 전에 본질과 핵심을 파악해 보면 알 수가 있음에도 불구하고, 자세히 살펴보지 않고 이익에만 초점을 맞추고 무조건 투자함으로서 발생되는 자신의 책임이라고 생각합니다.

세상에는 공짜는 없다는 생각을 가지고 자신이 가지고 있는 기술과 능력을 발휘하여 성실하게 살아가는 것이 좋다는 것을 알면서도, 어느 순간 갑자기 마음이 변하여 문제를 일으키는 것입니다.

자기중심을 확실히 잡고 있으면 그 어떤 유혹에도 넘어가지 않고 지킬 수 있는 힘이 생기고 보다 더 좋은 선택을 하게 될 것입니다.

10) 수입과 지출에 관한 계획에 따라 집행을 한다.

물질, 자산, 돈에 관하여 수입과 지출에 관한 계획을 세우고 집행을 잘하는 것이 생활의 안정과 사람다운 삶을 살아 갈 수 있게 합니다.

돈을 언제든지 마음만 먹으면 벌 수 있다는 착각을 하고, 함부로 수입과 지출을 확인해 보지 않으면, 과다한 소비로 인하여 균형이 무너지고 어려운 상황을 맞이하는 것입니다.

이래서는 안되는 줄 알면서도 자존심을 내세우고 허세를 부리다가, 불필요한 지출을 하게 되고 후회를 하여도 이미 지나간 바람과 같이 돌이킬 수가 없습니다.

우리가 살아 있는 동안에 필수적으로 사용 해야 하는 것을 살펴 보면 생활비, 세금과 공금, 품위유지비는 죽음의 순간까지 있어야 한다는 사실을 인정하고 수입과 지출에 관하여 집행을 철저히 해야 합니다.

때로는 객기도 부리고 아무렇게나 소비하고 싶은 마음이 드는 것도 당연하게 받아들일 수 있지만, 결코 모든 것은 내가 해결 해야 한다는 것을 알아야 됩니다.

11) 초대받지 않은 장소에 가지 않으며 유행에 민감한 반응을 안 한다.

타인의 삶에 도구로 이용되지 말고, 나의 중심을 잡고 사용자로서 지위를 확보하고. 선한 영향력을 행사할 수 있도록 배우고 노력하면서 자질의 향상과 인성을 좋은 방향으로 이끌어 갑시다.

아무리 할 일이 없어도 초대받지 않은 장소에는 가지 말아야 할 것이며. 남의 일에 참견이나 평가하려고 오지랖 넓게 덤비다가 망신당하는 일이 없도록 절제를 해야 됩니다.

형편이 되든지 안되든지 상관없이 유행에 민감한 반응을 보이지 않아야 할 것이며, 조용히 관찰하고 관망해 보는 여유와 절제하는 자세가 필요합니다.

살면서 품위를 유지하면서 가야할 곳과, 가서는 안 되는 것 정도는 가릴 줄 알아야 하는 것이며. 침묵을 유지하고 타인의 말을 경청하고 꼭 필요한 말을 하는 것이 바람직하다고 봅니다.

12) 경조사에 체면유지와 과한 지출을 하지 않는다.

아부와 기회주의자들이 자주 사용하는 수법으로 알려져 있는 것은, 착한 마음을 가지고 경조사에 대한 예의를 갖추는 것이 되어야 함에도 불구하고, 얼굴 도장을 찍고 아부의 기회로 삼기도 한다는 것입니다.

결혼식이나 행사장에 가 보면 지나치게 동작을 크게 하거나 손금이 닳아 없어질 정도로 비비고 아부하는 광경을 목격하기도 하였으나 이제는 거의 사라진 것으로 알고 있습니다.

어려운 상황에 처해 있거나 축하할 일이 있다면 당연히 축하해 주어야 되는 것이며, 조사의 경우에는 슬픔을 나누고 상처난 마음을 위로해 주는 것이 인간의 기본적인 도리인 것을 누구나 알고 있다고 봅니다.

선의로 베푸는 마음이 왜곡되지 않도록 기본적인 예의를 지키고, 배려와 사랑의 나눔을 실천하는 아름다운 모습으로 비치고 밝고 맑은 사회가 조성되는 환경을 다 함께 만들어 나가기를 바랍니다.

13) 감당하기 어려운 무리한 투자를 하지 않는다.

사업을 추진하여 소득을 얻는 방법에는 직접적인 경영을 하는 것, 투자에 의한 것, 자유 직업으로 나누어 볼 수 있으며, 투자에 의해 소득을 얻고자 할 때 고려할 사항을 충분히 검토해야 합니다.

내가 가지고 있는 자산의 범위에서 일정 비율을 정하고, 투자 할 때와 회수 할 때에 대한 기준을 정해 두고 관리하는 것이 바람직하다고 봅니다.

투자의 종류에도 여러 가지가 있음에 따라 선택은 본인의 취향에 따라 결정하는 것이며, 가장 중요한 것은 믿음이며 원금이 살아있고 적정한 수익을 보장 받을 수 있는지 나만의 관리 시스템을 만들고 지켜야 합니다.

재정적 자유를 얻기 위해 많은 노력을 하고 있지만, 수익의 발생은 독창적이고 창의적인 기술과 능력을 갖추고 시장을 지배하고 독점적 지위를 확보하고 있어야 가능한 것으로 판단됩니다.

14) 불필요한 유혹에 현혹되지 않고 정체성을 지킨다.

인간관계를 유지하면서 절제와 거절을 해야 하는 상황이 많이 생기게 되는데, 마음이 약하고 냉철하지 못하여 부당한 요구에도 아니라고 말하지 못하고 있습니다.

가까운 사이일수록 피해를 주지 말아야 하는데, 자기 편하게 살겠다고 온갖 유혹이나 현혹하는 일들이 많이 생기고 있으며, 약속 이행이 되지 않아 어색한 관계로 변하고 분쟁이나 손실에 대한 책임을 묻게 됩니다.

나의 정체성을 지키고 불필요한 요구에 '아니'라고 답하고, 줄 수 있는 형편이 되면 아무런 조건 없이 그냥 해 주고, 바로 그 자체를 잊어버리는 것이 좋습니다.

그 동안에 살면서 누구나 겪게 되는 과정의 하나로 생각하고 나쁜 경험을 반복하지 않도록 단절하는 것이 필요하며, 절제와 단절에 관한 자기만의 선을 만들어 두고 실천해 보시기 바랍니다.

남의 유혹에 현혹되지 않기 위해서는 자기중심이 확실하고 기준과 원칙에 따라 집행하는 훈련과 습관을 길러야 합니다.

15) 나에게 해당되지 않는 일은 관심두지 않도록 한다.

시간의 흐름에 따라 움직이고 결과를 만들어 내야 함에도 불구하고, 나와 아무런 상관이 없는 일에 참견 하거나 관심을 두고 쳐다보는 것은 시간낭비라는 것을 알아야 됩니다.

세상은 넓고 할 일은 많은데 쓸데 없이 남의 일에 간섭하는 행위는 바로 중단하고, 나의 중심을 잡고 내 길을 개척하면서 해야 할 일에 집중과 몰입을 통해 진정으로 원하는 작품을 만들어야 합니다.

그동안에 살면서 무엇인가를 얻기 위해 남에게 기대거나 달라고 요청해 본적이 누구나 있다고 보며, 말로는 해 준다고 해 놓고 실제로 받는 것은 아주 드물다는 것을 경험으로 느껴 보았을 것입니다.

지금 이 순간부터는 남의 삶에 도구가 되지 말고, 정체성과 내가 가장 잘 하는 것에 집중적으로 투자하고 몰입하여 내가 원하는 것을 이루고, 성취의 보람과 상상을 현실로 구현하는 창조적 작품을 만들어야 합니다.

16) 남에게 피해를 줄 수 있으면 관심을 두지 않는다.

나의 행위로 인하여 남에게 많은 피해를 줄 수 있는 일이라면 관심을 두지 않고, 그 누구의 권고나 요청에도 흔들리지 말아야 합니다.

사회 현상을 바라보면 자신의 이익을 위해 상대의 불편함과 손실은 아랑곳하지 않고, 얼굴에 철판을 깔고 무조건 해 달라고 애원하고 요청하는 사례를 볼 수가 있는데 단호하게 거절해야 됩니다.

불편한 요청이 상대의 입장이나 미치는 영향에 대해 아무런 생각 없이 너는 죽든지 말든지 관계 없고, 나만 잘 살면 된다는 짐승과 같은 행동이 자행되고 있음을 매우 안타깝게 생각합니다.

세상을 살아가는 것이 결코 쉽지는 않지만, 남에게 피해를 주면서까지 자신의 이익에 집착하거나 윤리도덕에 어긋나는 행위는 삼가하고, 옳고바른마음이 사회전반에 보급되어 함께 어울리고 행복하게 살아가는 환경과 여건을 조성해야 합니다.

17) 카지노 카드 사행성 도박에 접근조차 하지 않는다.

재정적인 자유를 얻고 재미있는 일거리를 찾지 못하면, 강하고 자극적인 것에 대한 욕구가 일어나 마약이나 도박에 관심을 가지게 되는 경향이 많이 있습니다.

이러한 시점에 진정한 인생의 길잡이가 되어 줄 선생님이 필요한 것인데도 불구하고, 존경할 만한 인물이 잘 보이지 않는 것이 매우 안타까운 현실이며 모든 사람들이 다 잘났다고 자랑하고 있음에 따라 쉽게 교감할 수가 없습니다.

어린 시절에는 놀이 문화가 발달되지 않아 먹을거리를 찾거나, 누가 행동할 것인가를 정하기 위해 화투놀이를 해 본 경험이 있으며, 농장에 참외, 수박, 사과 등의 서리를 하였던 아름다운 옛 추억도 간직하고 있습니다.

지금은 자연과 함께 접할 수 있는 환경이 조성 되지 않아, 도시의 건축물 지하에 마련되어 있는 오락실에 청소년과 젊은 청춘들이 게임을 즐기고 있는 모습을 볼 수가 있습니다.

18) 불법 위험한 사업 등에 참여하지 않는다.

불법적이고 위험에 노출되어 있는 사업에는 참여하지 않는 것이 좋으며, 세상을 위해 누군가는 반드시 해야 할 일이라면 도전할 가치가 있다고 봅니다.

지구촌에서 살면서 올바르게 사용하지 않고, 아무렇게나 하고 싶은 대로 개발하고, 오염시키고, 황폐화 시키는 보존관리를 소홀함에 따라 많은 문제점이 대두되고 있습니다.

지금 관심을 가지고는 있으나, 재정적인 여유가 확보되지 않아 시작 시점을 조율하고 있는 식량자원에 관한 계획을 추진하고 있으며, 누군가는 꼭 해야 할 일이라 생각합니다.

지구촌 사람들이 모두 책임을 지고 해결 해야 할 바다의 쓰레기 처리 문제에 관심을 가지고 방법을 찾아가고 있으며, 기술과 능력을 확보할 수가 있어서 참으로 다행스럽게 여기고 있습니다.

불법적이거나 편법을 이용하면 돈을 벌어들일 수는 있으나 가슴에 손을 얹고 생각해 볼 일이라 생각하며, 이렇게 벌어서 어디에 쓸 것인가 더 궁금해지는 것입니다.

19) 인간관계를 하면서 정치적인 대립이나 갈등 요소를 만들지 않는다.

인간관계를 파괴하는 것 중의 하나가 정치적인 대립과 갈등이라 생각하며, 본인이 지지하는 성향과 정당이 다르다고 해서 서로 강한 주장을 내세우며 싸울 것이 아니라 경청을 통해 서로를 알아야 합니다.

각자의 성향과 입장을 이해하고 본질과 핵심을 파악하고 난 이후에도 충분히 대화를 나눌 수 있는데도 불구하고, 무조건 눈과 귀를 닫고 속사포처럼 자기의견만 방출하는 행위는 삼가야 됩니다.

살아가면서 그럴 수도 있다는 이해와 내 의견만 맞는 것이라고 주장하는 행위는 배움과 깨달음의 기회를 스스로 내치는 것과 같은 것이며, 대립과 갈등 언쟁에 의해 얻어지는 것은 상처만 남게 됩니다.

세상에 일어나는 일을 다 안다고 주장하지 말고 스스로 관찰을 통해 알아차리고, 남의 말의 경청을 통해 나의 위치를 거울에 비추어보고, 때로는 침묵하고 사색과 명상의 시간을 가지는 것이 좋습니다.

20) 종교적 자유를 인정하고 대립각을 세우거나 평가하지 않는다.

지금 이 시대는 종교가 필요하지 않다고 생각하는 사람들이 많이 생기고, 자기중심의 확고한 의지와 신념을 가지고 살아가고 있습니다.

자신의 인생 선택은 각자의 몫으로 누가 이래라 저래라 할 사항이 아니고, 종교 또한 자유로운 상태에서 선택하는 것이라는 사실을 인정해 주고, 평가하거나 대립각을 세우면서 싸울 필요가 없습니다.

지금은 궁금한 사항이 있으면 인공지능 챗 GPT 에게 물어보면 아주 재미있는 대답을 들어볼 수가 있으며, 다양한 종교가 있는 상태에서 선택은 자유라는 것을 인정해 줍시다.

종교의 본질과 핵심에서 벗어나 자기가 원하는 종교에 끌어들이고, 좋고 나쁨을 구별하는 논리에 빠져 무조건 나는 옳고 너는 틀리다는 극단적인 표현이 감정을 건드리고 논쟁의 불씨로 남게 됩니다.

21) 모임에서 주제와 관계없는 말을 하지 않는다.

사회활동을 하다가 보면 각종 모임이 만들어지고 참여하게 되는데, 주제와 관계없는 말을 해서 이상한 사람이라고 오해받지 않도록 주의해야 합니다.

조직의 구성원으로서 내가 해야 할 일이 무엇인지 알아차리고, 말을 앞세우기 이전에 행동으로 실천하는 모범을 보여주면, 처음에는 이상하게 생각하다가도 진정성이 전달되어 동참하고 따르게 될 것입니다.

나의 중심을 잡고 어떠한 상황에도 흔들리지 않도록 노력하고, 올바른 방향의 설정과 리듬에 맞추어 나의 길을 개척하고 인류를 위해 헌신과 봉사할 수 있는 독창적이고 창의적인 작품을 만들어 봅시다.

배려와 봉사의 마음가짐을 가지고 함께 어울리고 노래 부르고 춤추며 신나게 사는 것이, 동호회 모임을 하는 이유인 동시에 목표라고 생각합니다.

22) 남의 말에 토를 달거나 참견하지 않는다.

남의 말을 경청을 해야 함에도 불구하고, 성질이 급하고 내주장을 펼치고 싶은 마음에, 상대의 말을 자르고 아니라고 토를 달고 이유를 대면서 꼬집는 나쁜 습관은 버려야 합니다.

자기에게 주어진 시간도 아닌데 남의 말에 참견하고 자기주장을 한다는 것은, 인간관계를 어색하게 만들고 관계 단절의 원인으로 발전하여 헤어지게 됩니다.

지금 이 시점에서 나를 거울에 비추어보고 나쁜 행동은 고치는 것이 좋다고 생각되며, 한꺼번에 전체를 바꿀 수는 없지만 그래도 반복과 훈련을 통해 습관으로 자리잡도록 하는 것이 바람직하다고 봅니다.

하루도 빠짐 없이 인간관계를 유지 해야 하는 것으로 우선적으로 말하는 방법부터 바꾸고, 남의 말을 들어주는 연습과 훈련을 해 보기를 부탁합니다.

예쁜 말을 하는 연습과 반복적인 훈련을 통해 습관으로 자리잡도록 하는 것이 현명한 방법이라 생각되며, 좋은 말을 듣게 되면 기분이 좋아진다는 사실을 인정해 주어야 합니다.

23) 남의 생각을 억지로 바꾸려하지 않는다.

나와 생각이 다르다고 억지로 남의 생각을 바꾸려고 애쓰는 사람이 있는데, 시간낭비라는 것을 알아차리고 중단하기를 권하는 바이며, 나와 같은 방향으로 걸어가고 싶다면 새로운 방법을 찾아야 합니다.

장비나 연장은 고쳐서 쓸 수 있어도 사람은 결코 쉽게 고쳐지는 것이 아니며, 아주 특별한 방법을 사용 해야 조금이나마 마음을 움직일 수는 있다고 봅니다.

인간은 마음의 씨앗을 간직하고 있으며, 싹을 틔우기 위해서는 동기부여와 충격을 가해야 하는 것으로 소통과 교감에 의한 기회를 만들어야 합니다.

나와 같아지기를 바라지 말고, 직접 내가 어떻게 하는 것이 올바른 것인지 행동으로 보여주는 것이 가장 효과가 좋은 것으로 알고 있으며 나부터 실천하려고 합니다.

각자 고유의 색깔과 풍기는 향기가 다르다는 것을 인정해 주고, 이해와 존중의 마음을 가지고 수용 하고 함께 어울리면 자연스럽게 좋은 관계를 유지할 수 가 있을 것입니다.

24) 남의 행동에 대해 평가하지 않는다.

생각은 멈추어 있지 않고 바로 사라지는 것이며, 기록은 남아서 방향과 기준을 세우는 재료로 활용할 수가 있다는 사실을 알아차리고, 글자와 숫자 사진으로 남기는 것을 오래동안 생활화하고 있습니다.

남의 행동을 바꾸기 위해서는 관찰을 통해 보고, 듣고, 느낀 것에 대해 분석을 해 보고, 해야 할 것과 해서는 안 되는 것을 구별하고 직접 내가 보여 줄 수 있는 방법을 찾아서 상대가 이해하고 맞는다고 인정하고 따라 올 수가 있어야 합니다.

남의 행동에 대하여 이래라 저래라 간섭하거나 평가하고 지적할 것이 아니라, 스스로 깨우칠 수 있는 동기를 부여하고 누군가 반드시 해야 할 일이라는 것을 인정할 수 있도록 이해를 시키고 본인이 하겠다고 결심을 해야 하는 것입니다.

인간이 살아가면서 꼭 해야 할 일이라면 내가 주도적으로 해 보는 것도 좋으며, 절제하는 것도 좋지만 행동으로 보여주어야 할 때에는 두려워하지 말고 동행할 수 있는 동반자를 찾아 함께 길을 갑시다.

8. 속도

1) 나의 인생 속도를 정해둔다.
2) 남의 속도에 맞추지 않는다.
3) 혼자서 너무 빨리 가지 않는다.
4) 불필요한 시간을 낭비하지 않는다.
5) 혼자서 그곳에 도착하면 한없이 기다려야 한다.
6) 미래를 앞당겨 사용하는 창조적 현실을 만든다.
7) 잘 죽기 위한 준비를 하고 유서는 미리 남겨둔다.
8) 유산의 상속과 사회 환원에 대한 기준을 정한다.
9) 농사를 짓기 위해 논밭을 갈고 준비를 한다.
10) 파종시기에 맞는 씨앗을 준비한다.
11) 모종을 본 밭에 옮기는 이양작업을 수행한다.
12) 줄기와 잎이 잘 자라도록 영양소를 공급한다.
13) 식물이 잘 성장할 수 있도록 생육관리를 조절한다.
14) 꽃이 피고 열매가 맺도록 성장관리를 한다.
15) 나쁜 영향을 줄 수 있는 방해요소를 제거한다.
16) 성장기에 필요한 영양성분을 공급해 준다.
17) 웃자람 방지를 위한 순자르기 솎아주기 등을 한다.
18) 열매솎기 봉지 씌우기 벗기기 등의 보충작업을 한다.
19) 골고루 색깔이 나도록 은박지 반사판 등을 설치해준다.
20) 잘 익은 곡식과 열매를 거두는 수확작업을 한다.

21) 상품의 출하 보관을 위한 선별 작업을 실시한다.
22) 상시 출하를 위한 저장 보관 물류시설을 확보한다.
230 선별 등급 포장작업 실시와 공급처로 배송한다.
24) 가장 적합한 때를 맞추기 위한 속도 조절과 관리시스템을 구축한다.

1) 나의 인생 속도를 정해 둔다.

나에게 맞는 인생 속도를 정해 두고, 절제와 통제하면서 시간의 흐름에 따라 알차게 시간을 설계하고 운영하면서 내가 원하는 일을 해야 합니다.

인생은 기준과 원칙을 세우고 올바른 방향을 설정하고 절차와 순서에 따라 속도를 조절하면서 내 중심에 맞추어 작동할 수 있도록 삶을 설계하는 것입니다.

누구에게나 주어진 시간은 같으며 너무 빠르거나 늦어도 안 되고, 나에게 적합한 속도를 정하여 내가 해야 할 일에 집중과 몰입을 통하여 결과를 만들어 내야 합니다.

젊은 시절에는 무조건 빨리만 가면 되는 줄 알고, 앞뒤도 돌아보지 않고 무작정 광란의 질주를 하였던 기억이 있으며, 혼자서 먼저 그 곳에 도착하여도 함께 할 사람이 없어 기다리고 있어야 한다는 것을 알아야 됩니다.

나에게 알맞은 속도를 찾아 시간의 흐름을 절제와 통제하며 내가 해야 할 일을 해야 됩니다.

2) 남의 속도에 맞추지 않는다.

나의 정체성과 중심을 잡고 있어야 세상이 변하고, 사회가 혼란스럽고 흔들려도 버틸 수 있는 힘이 생기고 추락하거나 침몰하지 않게 됩니다.

남이 장에 간다고 아무런 볼 일도 없으면서 따라 가는 경우가 어린 시절에는 실제로 있었으며, 할 일도 없고 먹을 것도 없으니 형편이 좀 나은 사람을 따라가서 막걸리 한잔이나 국밥 한 그릇 얻어 먹고 오는 춥고 배고픈 시절이 있었다는 사실을 기억하고 있으며 아직도 해결 방법을 찾고 있습니다.

배고픔에 관한 문제 해결을 위해 먹을거리 사업을 아직까지도 진행하고 있으며, 지속적인 발전과 환경이 변화되어 지금 이 시점에서 맞는 방법을 선택하여 단계적으로 해결하기 위한 노력은 계속하는 중입니다.

남의 속도를 따라서 가다가 보면, 진정으로 내가 해야 할 일을 하지 못하고, 지배를 당하거나 추종자로 전락하게 된다는 사실을 인지하고 나의 시간을 설계하고 속도를 조절하면서 사명을 다해야 할 것입니다.

3) 혼자서 너무 빨리 가지 않는다.

지난 시절 일시적으로 교만에 빠져 광란의 질주를 해 보았던 적이 있는데, 아무도 살지 않는 황무지와 같은 곳에 혼자서 너무 빨리 가 있어도, 해야 할 일이 없다는 것을 알게 되었습니다.

남들이 가지 않는 길을 만들고, 나만의 길을 간다는 것은 독창적이고 창의적인 활동이라 생각하며, 험하고 울퉁불퉁한 길이라 할지라도 즐거운 마음으로 걸어갈 수가 있습니다.

나에게 맞는 시간을 설계하고 절제와 통제에 의한 속도 조절은 사회생활과 일의 균형을 맞추는 중요한 요소라는 사실을 알아야 합니다.

인생의 길은 여러 갈래로 나누어져 있으며, 어느 길로 갈 것인가의 선택은 각자의 몫이며, 속도를 조절하는 것도 스스로의 결정에 따르는 것이며, 그 누구의 간섭을 받지 않아도 되지만 시간관리 시스템을 만들고 지켜야 원하는 일을 할 수가 있습니다.

4) 불필요한 시간을 낭비하지 않는다.

시간은 보석과 같은 보물로 다루어야 한다는 생각을 가지고 불필요한 시간 낭비 요소를 제거하고, 나만의 시간 활용법을 만들고 실제로 적용해야 합니다.

그 동안에 습관으로 자리 잡고 있는 행동은, 약속 장소에 15분 전에 도착하는 원칙을 세워놓고 40년 이상 지켜왔으며 앞으로도 계속 이행할 것입니다.

약속 장소에 일찍 도착하게 되면 여유가 생겨 미리 준비할 수 있는 넉넉함이 있고, 준비를 철저하게 해 왔음에도 불구하고 빠져있는 작은 틈을 발견할 수 있는 기회를 얻게 되고, 일을 성공적으로 만드는 발판을 만들 수도 있습니다.

내 시간이 중요하다면 남의 시간도 아끼고 소중하게 존중해 주어야 한다는 생각을 가지고, 겸손과 배려하는 마음을 가지고 실제로 행동으로 옮겨야 됩니다.

나에게 주어진 소중한 시간을 설계하고, 아끼고, 사랑하는 마음가짐으로 세상을 바라보고 인류와 사회에 공헌하고 봉사할 수 있는 시간을 만들기 바랍니다.

5) 혼자서 그곳에 도착하면 한없이 기다려야 한다.

인생을 설계하고 내가 해야 할 일을 하면서 살아가고 있는데 상상 그 이상의 미래 세계에 혼자서 그 곳에 도착하면, 생각은 할 수 있으나 행동은 할 수 없다는 사실을 알아야 합니다.

남들이 쉽게 하지 않는 시간을 앞 당겨 그곳에 도착해 보았지만, 현실과 완전히 동떨어진 것으로 실제로는 아무런 것도 현실화 시키기 어렵다는 것을 알게 되었으며, 동반자를 구하거나 참여자가 있어야 원하는 것을 이룰 수 있습니다.

지금은 상상하던 것이 다 실제로 이루어진 세상으로 바뀌고 있으며, 한계점으로 만들어 놓은 선이 무너지고 경계가 명확하지 않고 중첩된 현상을 목격할 수가 있습니다.

인생에서 부여 받은 사명이 각자 다르다는 것을 인정하고, 창조자, 사상가, 지도자 역할을 수행 해야하는 임무와, 실제로 행동하는 교육자, 기술자, 노동자 등의 역할이 나누어져 있다고 봅니다.

6) 미래를 앞당겨 사용하는 창조적 현실을 만든다.

인간으로서 한계로 느끼고 있던 경계가 무너지고, 인공지능 로봇 산업 등 지금과는 완전히 다른 세상으로 변화되고 있으며, 속도가 빨라지고 있는 추세임에 따라 혼돈의 상태에 어떻게 대처하는 것이 현명한지 방법을 찾고 있습니다.

인간은 죽을 때까지 배워야 살아갈 수 있다는 사실을 인정하고 변화의 상황에 맞추기 위해 노력하고 있으며, 내가 하고 있는 분야에서도 미래를 앞당겨 현실로 구현하는 창조적인 작품을 만들어가고 있습니다.

이 세상에는 특별한 사명을 가지고 태어난 사람들이 많이 있다는 것을 인정하고, 그들과 함께 접목과 협업의 방식으로 인류를 위해 공헌과 봉사할 수 있는 것이 무엇인지 알아보고 현실로 구현할 수 있는 작품을 만들어가는 중입니다.

미래를 앞당겨 사용하는 것이 가능하다는 판단과 원하는 것을 할 수 있다는 확신과 자신감으로 도전과 시도를 하고 있습니다.

7) 잘 죽기 위한 준비를 하고 유서는 미리 남겨둔다.

지금까지 잘 살아온 것에 대해 감사하고 고맙게 생각하며, 남아 있는 시간 동안에 아무런 미련이나 후회를 남기지 않기 위해서는 잘 죽는 방법을 찾고 실행을 해야 합니다.

그동안에 경륜과 연륜을 쌓으면서 축적된 기술과 능력을 지속적으로 이어나갈 수 있도록 하는 것은, 초격차 기술의 전수와 이수를 통해 찬란한 유산으로 이어가는 것이라 생각합니다.

초격차 기술을 전수해 줄 수 있는 지도자는 결정되어 있으며 이수할 수 있는 후계자를 찾고 있으며, 이러한 행동이 가능하도록 재정적인 뒷받침과 후원과 지원을 해 줄 수 있는 능력을 갖출 수 있도록 분야별 경영자를 양성하고 있습니다.

죽고 난 이후에 분쟁이 발생하지 않도록 유서를 미리 남겨두고, 그에 따라 집행되도록 조치해 두어야 할 것입니다.

8) 유산의 상속과 사회 환원에 대한 기준을 정한다.

물질적인 자산이 많을 때와 적을 때에 생기는 것이 분쟁이며 그 이유는 설명하지 않아도 충분히 이해가 될것이라 생각되며, 유산에 관하여는 명확한 기준과 숫자로 명시해 두는 것이 좋습니다.

정신적 자산을 유산으로 물려주는 것이 가장 바람직한 것으로 생각하고 있으며, 올바른 정신이 후손에 바르게 전달되어 자신의 인생을 설계하고 길잡이 역할을 할 수 있다고 봅니다.

유산을 사회에 환원시키는 것에 대하여 관심을 가지고 실제로 행동으로 실천하기 위한 준비를 하고 있는 것은, 나보다 더 필요한 사람들을 위해 일거리 창출과 생활안정에 도움이 되기를 바라는 마음입니다.

세상에 공짜는 없다는 것을 인식 시키고, 도움이 필요한 사람들에게 스스로 일어날 수 있는 방법과 도구를 지원해 주는 것이 자존심을 살려 주고 살아가는 용기를 심어 줄 수 있다고 생각합니다.

9) 농사를 짓기 위해 논밭을 갈고 준비를 한다.

추운 겨울을 지나 봄이 오면 농부는 농사를 짓기 위해 논밭을 갈고, 풍성한 가을의 수확을 꿈꾸며 즐거운 마음으로 일을 시작합니다.

인생을 설계하는 것은 농사를 짓기 위한 논밭을 갈고 씨앗을 뿌리는 준비 작업으로서, 이미 농부의 머릿속에는 누런 곡식이 익어 넘실대는 황금 들판을, 그리고 밭에는 과일이 주렁주렁 매달려 빨갛게 익어가는 사과의 예쁜 모습을 떠올리게 됩니다.

인생도 농사와 마찬가지라는 것을 알아차리고 그 때에 맞추고 속도를 조절해야 되는 것이라는 사실을 명심하고 알차게 가꾸어 나가야 합니다.

기회는 준비되어 있는 자만이 잡을 수 있는 것으로 평상시에 차분하게 준비하고 있어야 할 것이며, 나의 진행 속도를 측정하고 성공할 수 있는 방법을 찾아야 합니다.

10) 파종시기에 맞는 씨앗을 준비한다.

농부는 파종시기에 맞는 씨앗을 준비해 두어야 하는 것이며 종자의 관리를 철저히 해 두었다가 품종에 따라 파종시기가 다름을 인정하고 맞추는 것입니다.

그 동안에 살아오면서 먹을거리에 관한 식량자원과 식품분야에 가장 많은 시간을 투자하였으며, 남아있는 시간동안에도 많은 사람들에게 혜택을 부여할 수 있도록 건강기능식품과 생활에 편리한 식품을 공급해 주려고 노력하고 있습니다.

최근에는 '옳고바른마음 인성교육'에 관심을 두고, 사람들에게 마음의 씨앗을 심고 싹틔우는 일에 작은 보탬이라도 되기 위해 후원을 하고 있습니다.

세상에는 마음의 씨앗을 간직하고 있으면서도 사용하는 방법을 알지 못해 그대로 방치함에 따라, 잠재 의식을 깨우지 못하고 세상의 혼란 속에 흔들리고 무너지고 깨지면서 어려움을 겪고 있습니다.

누군가는 이 일을 반드시 해야 하는 것으로서 발바닥에 제트엔진을 달고 광속으로 질주하는 총재가 만들어 가고 있는 중입니다.

11) 모종을 본 밭에 옮기는 이양작업을 수행한다.

모종을 본 밭에 옮기는 이앙작업을 제 때에 수행 해야 하는 것이며, 시기를 놓치면 성장에 지장을 초래하게 됨과 동시에 농사를 망치게 됩니다.

인간의 성장과정을 살펴보면 태어나서 유아원, 유치원, 초등학교에 가는 것처럼, 그 시점에 맞는 행위를 하는 것이라는 사실을 알고 때와 속도를 조절하는 반복과 훈련을 통해 습관으로 자리 잡도록 해야 됩니다.

중학교 때까지는 성장판이 살아 움직이고 있다는 점을 감안하여 필요한 영양 공급과 음식제공에 관한 식단을 짜 ,두고 실천해야 합니다.

농작물이든, 사람이든 간에 잘 성장 할 수 있는 환경과 여건을 조성해 주어야 하는 것으로 종합적인 관리시스템을 만들고 관심과 정성을 다하고 땀을 흘리고 노력을 아끼지 않아야 풍성한 수확을 맞이할 수가 있습니다.

12) 줄기와 잎이 잘 자라도록 영양소를 공급한다.

식물의 생장과 생육에 필요한 과정의 하나로, 줄기와 잎이 잘 자라도록 거름을 주고 영양소를 공급해 주어야 원하는 상품을 생산할 수 있다는 것을 알아차리고 관리를 철저히 해야 합니다.

작물의 종류와 품종은 다르더라도 생육하는 방법에 따라 수확하는 물량과 품질이 다르게 된다는 사실을 알고, 정성을 드린 만큼 얻을 수 있다는 것을 알아야 됩니다.

농작물은 농부의 발자국 소리에 따라 성장한다는 것처럼 그만큼 관심과 정성을 쏟아야 잘 자라는 것이라는 사실을 인지하고, 나가고 사랑하면서 원하는 수확을 하기를 바랍니다.

인생에서 가장 큰 농사는 자식농사로 잠시도 소홀할 수 없으며, 믿어주고 안아주고, 사랑해야 옳고바른마음 인성이 자리잡고, 나를 성장 시키고 남들과 어울리고 함께 하는 사회구성원으로서 화합을 하게 됩니다.

13) 식물이 잘 성장할 수 있도록 생육관리를 조절한다.

식량자원 확보를 위해 작물이 잘 자랄 수 있도록 성장에 필요한 생육관리 시스템을 구축하고, 영양소 공급과 보조적인 거름을 보충해 주어야 합니다.

인간으로 볼 때 성장 판이 열려 있는 상태에서 필요한 영양소를 적기에 공급해 주는 것과 같은 것이며, 시기를 놓치게 되면 제대로 자랄 수가 없게 된다는 사실을 알아차리고 관심을 가지고 돌봐야 됩니다.

지금은 물질적으로 풍부한 시대에 살고 있어서 오히려 과대한 음식의 섭취와 절제와 조절을 하지 못하여, 비만이나 각종 질병이 나타나고 있음에 따라 통제와 절제를 실행해야 할 것입니다.

바쁘다는 이유로 잘 돌보지 않고 성장기에 있는 아이들이 해달라는 대로 해줌으로서 많은 부작용이 발생되고, 정서적으로 불안정하고 기본적으로 지켜야 할 윤리도덕이 무너지고 질서가 문란하게 되었습니다.

누구의 책임인지를 가릴 것이 아니라 지금 일어나고 있는 사회적 현상에 모두 책임지는 자세를 가져야 할 것입니다.

14) 꽃이 피고 열매가 맺도록 성장관리를 한다.

작물의 성숙기에 접어들면서 꽃이 피고 열매가 맺을 수 있는 환경을 만들고, 여건을 조성해 줌으로서 원하는 수확물을 거둘 수 있게 됩니다.

적정한 때를 맞추고 속도 조절에 의한 체계적인 관리를 해 주어야만 원하는 상품의 수확량과 품질을 유지할 수 있다는 것을 알고 철저한 관리가 필요합니다.

청소년기에 해당하는 사항으로서 옳고 바른 방향으로 갈수 있도록 길잡이 역할을 해주어야 하는 것으로, 누가 어떻게 이끄느냐에 따라 인성을 갖추는 것에 있어 많은 영향을 받게 될 것입니다.

지금 나타나고 있는 사회적 현상에 화내거나 방치하고 있을 것이 아니라, 작은 것부터 하나씩 고쳐나가는 인성회복운동을 전개해야 한다고 생각합니다.

이미 선을 넘고 고착화 되어 있는 마음을 본래의 자리로 돌리는 작업을 누군가는 해야 할 일이라 생각하며, 옳고바른마음 인성교육에 집중과 몰입을 하고 있습니다.

15) 나쁜 영향을 줄 수 있는 방해요소를 제거한다.

인간이나 작물이 성장하는 과정에 많은 방해 요소가 나타나는 것을 당연하게 받아들이고 나쁜 것은 단절과 제거하는 것이 좋습니다.

성장하는 과정에서 일어날 수 있는 모든 상황을 적극적인 자세로 대처하기 위해서는, 마음의 근육을 키우고 올바른 방향을 설정하는 것이 좋으며 사춘기에 접어들면 나쁜 유혹에 빠지는 경우도 있습니다.

길을 잃고 방황하는 사춘기 홍역을 앓고 있는 청춘을 만나게 되면 자신이 겪었던 시절과 지금의 상황은 다르다는 것을 인정하고, 본질과 핵심이 무엇인지 파악하기 위해서는 관찰과 경청이 필요하다고 봅니다.

그 누구도 인생을 대신해 줄 수 없다는 진리를 알고 관찰자로서 역할을 수행하면서, 도울 수 있는 방법을 찾고 스스로 깨우치고 알에서 나올 수 있도록 여건을 조성해 주어야 됩니다.

방향의 근본적인 원인과 이유를 알아차리고, 부족한 것에 도움을 주거나, 아픈 상처를 안아주고, 사랑으로 감싸주는 여유와 이해가 필요합니다.

16) 성장기에 필요한 영양성분을 공급해 준다.

성장기에는 왕성한 식욕으로 소화가 빨리 되어 밥을 먹고 돌아 서면 벌써 소화가 다 되어 먹어도 또 배가 고프다는 것을 느껴 본 경험이 있습니다.

어린 시절 시골에서 자라면서 먹을 것이 부족한 보릿고개를 겪은 세대로, 먹는 것에 대한 애착을 많이 가지고 있다고 생각함에 따라 성장에 필요한 영양소 공급에 많은 관심을 가지고 참여하고 있습니다.

지금은 물질적 풍요 시대에 살고 있음에 따라 먹을 것이 차고 넘치고 있지만, 음식의 섭취 방법과 나의 체질에 맞는 식단을 구성하지 않고 맛있다고 느끼는 음식에 편중되어 몸을 유지하는데 균형을 잡지 못하는 것입니다.

성장기에 필요한 영양소 공급을 위해서는 내 입맛에 맞추지 말고, 몸에서 바라고, 끌어당기는 음식을 섭취하도록 노력해야 하고, 먹는 순서를 지키고 섭취하는 속도를 줄이고 섭취량을 정해 두어야 됩니다.

17) 웃자람 방지를 위한 순지르기 솎아주기 등을 한다.

농작물을 재배하면서 제대로 된 수확의 기쁨을 누리기 위해 농부는 작물의 형태에 따라 관리방법을 다르게 하고 있으며 웃자람을 방지하기 위한 순지르기와 솎아주기 작업을 합니다.

작물의 성장에 도움을 주기 위해 거름과 비료를 주게 되면 웃자람이 생기고, 열매를 많이 달아놓으면 상품성이 떨어지고 지나친 경쟁을 방지하기 위해 솎아주기 작업을 실행하는 것입니다.

올바른 성장을 위한 방해 요소는 제거해 주고, 실제로 얻으려는 열매에 환경을 좋게 만들어 주는 것과 마찬가지로 발랄하고 씩씩한 청소년으로 성장하기 위한 관심과 배려를 아끼지 말아야 합니다.

지금의 상황에서 필요한 것은 물질적인 것에서 벗어나 마음의 씨앗조차 싹 틔우지 못하고 있는 청소년들에게 꿈과 희망을 주고, 자신의 기술과 재능에 적합한 길을 찾을 수 있도록 길잡이가 되어주어야 됩니다.

18) 열매속기 봉지 벗기기 등의 보충작업을 한다.

작물의 성숙기를 맞이하면 상품에 영향을 미치는 보충적인 작업을 수행하여 원하는 품질을 유지할 수 있도록 합니다.

청소년기를 마치고 성인으로 방향을 잡고 자신의 길을 개척할 수 있도록 그 동안에 입고 있던 옷을 갈아 입고, 내 몸과 마음이 하나가 될 수 있는 그 길로 걸어가게 되는 것입니다.

새 출발을 위한 변화의 시점으로 꿈과 희망에 대한 기대에 부풀어진 상태로, 그 누구도 막을 수 없는 피가 끓어오르는 열정이 살아 있고 자신에 대한 확고한 믿음으로 확신과 자신감으로 꽉 차게 됩니다.

성인의 길로 나서는 젊은이에게 보충해 줄 것은 세상에 대한 두려움을 갖지 말고 완벽주의에 사로 잡혀 속도를 늦추지 말 것이며, 그 어떠한 것도 핑계를 대려고 하지 말고 내 책임으로 처리하는 것이 최선의 방법이라고 알려주려고 합니다.

19) 골고루 색깔이 나도록 은박지 등을 설치해준다.

삭눌의 수확을 하기 전에 수행하는 마지막 단계로 사과 농장의 예를 들어보면, 바닥에 은박지를 깔고 햇빛 보기가 어려운 위치에 있는 곳에 빛을 반사시켜 주는 작업입니다.

자연이 주는 선물 햇빛을 이용하여 색깔이 예쁘게 나오도록 하는 것이며, 비타민 성분을 높이기도 하는 좋은 효과와 가치를 높일 수 있는 최적의 방법으로 널리 활용하고 있습니다.

여성이 예쁘게 보이고 자기 만족을 위해 화장을 하는 것과 마찬가지로, 외출하기 전에 얼굴을 다듬고 미리를 만지고 옷을 입고 거울 앞에서 내 모습을 비추어 보면서 맵시를 살펴봅니다.

나를 사랑하고 다듬고 가꾸는 것은 좋은 습관이라 생각하고 기왕이면 따뜻한 정이 흐르고, 배려와 나눔을 실천 할 수 있는 마음의 그릇을 키우고 마음의 근육을 단단하게 만드는 것도 좋다고 생각합니다.

20) 잘 익은 곡식과 열매를 거두는 수확작업을 한다.

인생의 사계절 중에 풍성한 가을을 맞이하여 잘 익은 곡식과 과일을 수확하는 기쁨을 누릴 수 있는 것은, 봄에 씨앗을 심고 뜨거운 여름에 성장을 위해 땀을 흘리고 노력을 한 보상입니다.

수확을 하면서 알알이 영글어 탐스러운 모습을 보이는 작물을 바라보면서, 뿌듯한 가슴과 넉넉한 마음을 배려와 나눔을 실천할 수 가 있음에 감사하고 고맙게 생각해야 됩니다.

좋은 결과는 땀과 노력에 의한 결과이면서 대가를 보상 받는 것이며, 움직이지 않고 가만히 있으면 아무것도 가질 수 없다는 진리를 인정하고 생각이 나면 기록을 하고 바로 행동으로 시도를 해보아야 됩니다.

풍성한 가을 수확의 기쁨을 누리기 위한 방법은 생각에 머물러 있지 말고, 두려움을 버리고 직접 행동으로 옮기는 것이라 판단되며 지금 바로 시도할 것을 권유하는 바입니다.

21) 상품의 출하 보관을 위한 선별작업을 실시한다.

상품의 가치를 높이기 위한 방법으로 선별작업을 실시하여 크기 등급 품질별로 분류하고, 균일성을 유지하면서 소비자의 선택을 용도에 맞게 할 수 있는 포장작업을 하는 것입니다.

시장에 진입하기 위해서는 소비자의 선택에 중심을 맞추고 가격 경쟁력과 균일한 품질을 포장하고, 눈길을 사로잡는 디자인과 특성을 갖추어야 됩니다.

수요처별 요구사항이 다르고 다양한 형태의 포장을 원하고 있음에 따라, 포장의 규격화 가격차별화에 의한 경쟁력을 높이는 것이 필요합니다.

인력수급이 어려운 점을 감안하여 소비자 욕구를 충족할 수 있는 소형화 경량화 기능화를 고려하고, 나 혼자 사는 사람이 많은 점을 고려하여 특화된 상품을 개발하여 공급하는 것도 검토해야 됩니다.

상품은 보기 좋아야 먹기도 좋다는 것을 누구나 알고 있기에 수요와 공급의 균형을 맞추고, 필요충분 조건을 갖추게 되었을 때 거래가 형성되고 효율성과 가치를 인정받게 됩니다.

22) 상시 출하를 위한 저장보관 물류시설을 확보한다.

작물생산 계절의 경계가 무너지고 인공재배 스마트팜 중심으로 운용되고 있으나, 상시출하를 위한 방열 냉장 냉동보관 기술이 발달되어 여러 가지 품목에 적용하고 있는 상태입니다.

저장 보관 물류시설을 확보하고 있으면서 시장의 수요에 맞추고 수급물량을 조절하고 가격을 유지하고 있으며, 시장지배력은 물량을 가지고 가격을 통제와 조정의 수단으로 삼고 있습니다.

시장 주도권의 장악과 가격경쟁력을 지속적으로 유지할 수 있는 힘은, 물류센터를 확보하고 홍수 출하시점에 우수한 상품을 저가에 구매해 두고 있다가 시장의 흐름에 따라 움직이는 것입니다.

계절의 영향을 받는 노지생산 농작물은 수확기에 포전거래 일괄 수매 형태를 취하고 있으며, 특정 품목에 대하여는 전량 수매하여 독점적 지위 확보와 가격결정권을 가져야 됩니다.

23) 선별 등급 포장작업 실시와 공급처로 배송한다.

상품에 내한 이미지와 브랜드를 알리기 위해서는 상품의 균일성, 등급의 구분, 포장고급화 등이 필요하며, 상품의 특징을 한 눈에 알아볼 수 있도록 강력한 인상을 심어줄 수 있는 대책을 만들어야 합니다.

먼 거리에서도 확인이 되고 소비자가 바로 장바구니에 담을 수 있는 상품으로 자리매김 하도록, 홍보와 입소문이 퍼지게 만들고 서비스제공과 지속가능성을 위한 연구개발을 해야 됩니다.

상품으로서 유지할 수 있는 기간이 짧다는 것을 알아차리고 시장의 수요에 맞추기 위한 신제품을 계속하여 출시하고, 효율성과 가치를 높이면서 소비자가 선택 할 수 있는 조건을 만들어야 합니다.

소비자가 원하는 시간에 정확하게 배송을 해 주어야 하며, 조금이라도 늦으면 신뢰가 무너지고 다른 경쟁 업체가 틈새를 비집고 들어온다는 사실을 알고 이유와 핑계를 대지 말고 정시에 도착 하도록 해야됩니다.

24) 가장 적합한 때를 맞추기 위한 속도조절과 관리시스템을 구축한다.

일을 하는데 있어서 가장 적합한 때를 정하고 속도를 조절하여 내가 원하는 방향으로 작동되도록 하는 것이 능력이고 영향력이 됩니다.

시장의 흐름을 관찰하고 때를 기다리면서 머뭇거리고 가만히 있으면 다른 사람에게 기회가 넘어간다는 사실을 알아차리고 바로 움직이고 때를 직접 만들고 확신과 자신감을 가지고 시도해야 합니다.

그 어느 누구와도 비교하지 말고 나만의 관리시스템을 구축하고, 명확한 의지와 자신감으로 시작하고 과정에 일어나는 상황을 해결하면서 결과를 받아들여야 됩니다.

동반자를 선택할 때에는 질문을 던져 이 일을 해 보았는지를 반드시 물어보고, 판단과 결정을 내려야 하는 것이며 모든 일은 사람이 하는 것으로 나와 함께 그 어떤 시련과 고통이 따르더라도 끝까지 갈 수 있는지 확인해 보아야 할 것입니다.

9. 반복

1) 좋은 습관을 만들어 반복한다.
2) 일의 반복을 통해 나의 몸 일부가 되도록 한다.
3) 반복을 생활화 하면 숙달에 의해 좋은 결과를 얻게 된다.
4) 상품성 향상과 업무개선을 위한 복기와 피드백을 반복한다.
5) 생산에 적합한 지역을 선정한다.
6) 수요와 공급 수급조절용 생산단지를 조성한다.
7) 생산에 필요한 원부재료를 조달하여 공급해준다.
8) 수확과 출하에 필요한 시스템을 구축하여 운영한다.
9) 상품 생산 시설을 확보하거나 외주가공을 한다.
10) 가공에 필요한 원부재료를 공급해준다.
11) 상품의 생산 공정 포장디자인 등의 지원을 한다.
12 상품의 품질관리와 공급처별 출하 배송시스템을 구축한다.
13) 상품의 판매를 위한 플랫폼을 구축한다.
14) 영업 판매 홍보 일관시스템을 구축 운영한다.
15) 거래처별 특성에 맞는 계약 기준과 원칙을 지킨다.
16) 상품의 입출고 배송시스템을 운영한다.
17) 소비자 기호도와 성향을 파악하고 상품을 만든다.

18) 소비자의 접근성에 맞추어 온오프라인 상품을 진열시킨다.
19) 소비자의 구매력 서비스강화와 혜택을 부여한다.
20) 소비자의 의견을 수렴하고 업무에 반영한다.
21) 초격차 기술력 확보에 의한 시장지배력을 강화 시킨다.
22) 독점적 지위를 확보하고 경쟁우위를 유지한다.
23) 시장장악을 통한 글로벌 경제 영토를 확장시킨다.
24) 세계적인 명품 인정과 총괄시스템을 운영한다.

1) 좋은 습관을 만들어 반복한다.

반복을 통해 좋은 습관으로 자리 잡을 수 있도록 해야 할 일의 본질과 핵심에 관한 이해와 방향성을 만들고, 실제와 같은 형태의 훈련을 반복하여 내 몸에 일부가 되도록 합니다.

세상 일이란 매일 반복하는 작업이라 생각하며, 아침에 일어나서 일정한 순서와 규칙에 따라 반복적으로 수행하는 행동과 절차를 진행하고 있습니다.

지금 반복하고 있는 것은 "오늘의 새 마음"이라는 세 문장을 상장용지에 붓글씨를 써서, 사진을 찍어 나와 소통하는 사람들에게 카카오톡을 활용하여 전달하고 있는 중입니다.

하루도 빠짐없이 떠오르는 생각이 사라지기 전에 별도의 공책에 기록해 두었다가 생활의 지혜로 활용할 수 있도록 내용을 전파하고 있으며, 누구나 다 알 수 있는 내용이지만 잠시 일깨워 주어서 고맙다는 표현을 하기도 합니다.

내가 전달하는 새 문장에 대해 자신의 생활의 지침서로 활용하는 사례도 있습니다.

2) 일의 반복을 통해 나의 몸 일부가 되도록 한다.

그 동안에는 일의 반복을 통해 내 몸의 일부가 되도록 연습과 훈련을 하였으나, 원하는 결과를 얻지 못하여 기준을 수정 보완하고 있으며 좋은 것은 지속시키고 아니다 싶은 것은 제거하기로 하였습니다.

나의 일상은 아침에 일어나서 세상을 관찰하면서 느낀 사항을 한 장으로 정리하여 글쓰기를 수년간 반복적으로 진행하고, 바로 바로 전파하기도 하였으나 지금은 책으로 출판하기 위한 준비를 하고 있습니다.

좋은 습관으로 자리 잡은 것은 할 수 있는데 까지 반복하기로 판단과 결정을 내리고, 생활의 지혜 글쓰기, 새 마음 운동, 세 문장 붓글씨, 사진 찍기를 생활화 하고 있으며 나의 오래 습관이 되었습니다.

내 인생의 설계와 방행을 설정하고 나의 길을 가는 것으로 남의 성공의 도구로 살아갈 것이 아니라, 정체성과 중심을 잡고 내가 원하는 것으로 시스템이 작동 되고, 누구나 따라올 수 있는 길을 열어 주고 문을 열어 두기로 하였습니다.

3) 반복을 생활화 하면 숙달에 의해 좋은 결과를 얻게된다.

나의 좋은 습관을 반복적으로 수행함에 따라 생활의 일부가 되어, 아침에 눈을 뜨자마자 바로 내가 해야 할 일에 대해 순서와 절차를 정하고 통제와 절제의 과정을 거쳐 속도를 조절하고 있습니다.

그 동안에 기준과 원칙을 정하고 방향을 설정해 두기는 하였지만, 실제로 운영하는데 있어 남의 말에 쉽게 현혹되기도 하고 흔들리기도 하였으며, 길을 잃고 방황하기도 하였으나 잠시 멈추고 나를 뒤돌아보았을 때 이것은 아니라는 판단을 하게 되었습니다.

내가 하고 싶은 일에 도전과 시도를 하여 넘어지고 깨지고 잃어버리고 쓴맛을 많이 보기도 하였으나, 나의 성장의 거름으로 삼고 버티어 왔으며 이제는 삶의 도구가 아닌 사용자로서 살아가기로 하였습니다.

나의 실수는 해야 할 일과 해서는 안되는 일을 명확하게 구별하지 않고, 아무거나 닥치는 대로 받아들이고, 무모한 도전과 시도 하였다는 사실을 인정하고, 남아 있는 시간 동안에는 더 이상의 시간낭비를 하지 않기로 하였습니다.

4) 상품성 향상과 업무개선 복기와 피드백을 반복한다.

반복적인 상황에서 상품성 향상과 업무개선에 관한 작은 차이와 틈새를 찾아 보고, 자신의 생각과 소비자의 입장을 고려해 보는 것이 좋다고 생각합니다.

신제품 개발과 제도개선을 위해 제안 제도를 시행하는 곳이 많이 있으며, 심사의 절차를 거치고 평가를 통해 채택 된 제안에 대하여는 실제로 업무에 반영하고 있으며, 효율성과 가치가 높다고 판단되는 것은 포상과 보상을 해 주는 것입니다.

일을 추진한 후에 복기를 해 보고 그 결과에 대한 수정 보완하거나, 완전히 새롭게 변화시키는 결단을 내리는 작업을 반복하고 훈련하여 내 몸과 같이 움직이도록 해야 합니다.

열린 소통의 공간을 만들고 자유로운 생각을 제안할 수 있는 제도를 정착시키고, 회사의 발전과 사회에 공헌할 수 있는 획기적인 상품을 개발하고 보급함으로서 많은 사람들이 편리함과 혜택을 볼 수 있는 길이 열리게 됩니다.

5) 생산에 적합한 지역을 선정한다.

우리나라 전체의 국토를 하나의 영역으로 보고 지역별 특성에 맞는 생산에 적합한 지역을 선정하고, 특성화 단지를 조성하는 것이 바람직하다는 생각을 가지고 있으며, 실제로 추진 계획을 만들어 진행하고 있습니다.

농작물의 생산은 날씨와 환경을 고려하고 생산에 적합한 품목의 선정과 효율성과 가치를 높일 수 있는 방향을 설정하고 정부와 생산자단체 및 개별농가에 적합한 생산과 수매에 관한 기준을 만들고 관리하는 것이 좋습니다.

생산에 관한 특성화 단지가 조성되지 않은 상태에서 산발적으로 작물을 재배함에 따라, 생산량 저하와 상품의 품질이 불량하게 되는 원인이 되고 있으며, 농가의 소득이 미약하여 많은 어려움을 겪고 있는 상태입니다.

정부와 지방 자치단체의 지원을 받고 있음에는 불구하고 생산량과 품질 저하로 제값을 받을 수 없을 뿐만 아니라 판매에 어려움을 겪고 있는 실정입니다.

6) 수요와 공급 수급조절용 생산단지를 조성한다.

시장의 수요와 공급에 적합한 수급조절을 위해서는 수직계열화, 계약재배 출하약정 등의 환경과 조건에 맞는 생산단지를 조성하는 것이 효율성을 높일 수 있고, 안정적인 물량 확보를 통한 수급조절이 가능하게 됩니다.

세상 일의 기본은 어떠한 상품이든지 간에 수급조절에 따라 나타나는 현상을 살펴보면, 조금만 모자라면 가격은 상승하게 되는 것이며, 물량이 남아돌면 누구도 쳐다보지 않는 쓰레기로 전락하게 되는 상황은 지켜 본 경험이 있을 것입니다.

시장 주도권을 잡고 지배력을 가지기 위해서는 독점적 지위를 갖추고 영향력을 행사하는 것이라 판단되며, 시장의 주인으로서 살아가는 방법으로는 해당 상품의 가격 결정권이라 여기며 실제로 주인공이 되어 보기도 하였습니다.

누가 뭐라고 하든지 간에 세상은 힘에 의해 작동 되고 있다는 사실을 알아차리고, 작은 것 하나부터 최고의 자리를 차지하는 방법을 찾고 실제로 실현해 봅시다.

7) 생산에 필요한 원부재료를 조달하여 공급해준다.

글로벌 시장을 공략하기 위해서는 양산체제를 갖추고, 원부재료 조달에 차질이 발생되지 않도록 세부적인 부품의 외주가공과 협력업체를 지정하고, 전문화시켜야 필요한 자재를 공급 받을 수 있게 됩니다.

발주처로부터 대량의 공급을 요청할 때에 납기를 맞추고, 계약불이행 사태가 발생되지 않도록 원부재료 조달과 원가절감이 가능한 구조를 만들고, 품질관리 시스템을 구축하여 불량품이 발생되지 않도록 조치해 두어야 합니다.

거래 관계에 있어서 단 한 번의 실수도 용납되지 않고, 계약 위반에 관한 제재 조치로 손해배상 책임이 생기고, 경영에 차질이 발생되어 어려움을 겪게 된다는 사실을 인지하고 철저한 관리를 해야 할 것입니다.

생존에 관한 사회의 경쟁은 치열하면서 냉정하다는 생각을 하고, 명확한 기준과 원칙에 따라 방향을 설정하고 절차와 순서에 따라 속도를 조절하는 연습을 반복하고 훈련하는 습관을 길러야 합니다.

8) 수확과 출하에 필요한 시스템을 구축하여 운영한다.

농작물을 생산하여 수확을 하는 것과 마찬가지로 상품을 만들어 최종 단계로 시장에 출하하기 위한 시스템을 구축하여 운영할 수 있도록 조치해 두어야 합니다.

소비자의 수요충족과 만족감을 주기 위해서는 가격 경쟁력과 품질의 균일성을 유지하는 것이 매우 중요한 요소로 작용하게 될 것이며, 사용하고 재구매가 일어나고 입소문이 퍼질 수 있도록 대책을 만들어야 합니다.

상품의 주문에 의해 고정적인 거래선 출하와 신규업체의 요구에 따라 일정과 장소에 정확하게 공급해 줄 수 있는 시스템을 구축하고, 종사원의 교육과 반복적인 훈련을 하여 습관으로 정착되어야 할 것입니다.

상품의 공급은 소비자의 선택에 결정적인 영향을 미친다는 생각을 가지고, 내가 그 입장이 되어 보고 선택할 수 있는지 확인해 보는 작업을 반복해 보아야 합니다.

소비자에게 외면을 당하게 되면 제자리에 돌아오는데 험난한 길과 오랜 시간이 되어야 회복할 수 있다는 사실을 인정하고 반복적으로 연습을 해 봅시다.

9) 상품 생산 시설을 확보하거나 외주가공을 한다.

상품을 생산하기 위한 자체 시설을 만들어 운영하거나 우수한 시설을 갖추고, 인증서를 교부 받아 실행하고 있는 검증된 업체와 협력하는 것이 효율성 높다고 판단 되었다면 외주가공을 선택하는 것이 좋습니다.

외주가공의 경우에는 막대한 자금을 투자하여 시설을 갖추고 기술력을 확보하고 있으나, 상품의 영업 판매 마케팅이 부족하여 가동률이 낮아 경영상 어려움을 겪고 있는 실정입니다.

지금은 혼자서 모든 것을 다 해결하려는 생각을 버리고, 접목과 협업에 의한 상호이익과 발전할 수 있는 기회를 만들어 가는 것이 바람직 하다는 생각을 하고 직접 실천하고 있습니다.

상품의 유형이 음식에 관한 것이라면, 갖추고 있는 시설도 중요하지만 종사원들의 인성과 태도가 중요한 요소로 작용하고 있으면 상품을 만드는 과정에서 정성을 다 해야 모양이 예쁘고 맛이 좋아지게 됩니다.

10) 가공에 필요한 원부재료를 공급해준다.

상대의 입장을 고려하고 원가절감에 의한 가격 경쟁력을 높이고 실질적인 소득으로 연결할 수 있는 방법으로는, 가공에 필요한 자금을 투자해 주거나, 원부재료를 공급해 줌으로서 생산에만 전념할 수 있는 상황을 만들 수가 있습니다.

직접 생산이든, 외주가공이든지 간에 상품의 기초가 되는 원부재료의 선택과 공급의 안정성 확보는 품질에 직접적인 영향을 미친다는 사실을 인정 하고, 조달과 집행에 관한 시스템을 구축하고 철저한 확인 절차를 시행하는 것이 좋습니다.

음식에 관한 상품을 만들고자 한다면 원부재료가 차지하는 비중이 높으며, 엄격한 관리와 위생적인 생산이 이루어져야 하는 특수성을 감안하여야 누구나 좋아하고 사랑받는 명품으로 자리 잡게 됩니다.

소비자의 입맛은 아주 까다롭고 민감한 반응을 보인다는 사실을 알아차리고, 조금도 방심하거나 확인과 검증감사를 실시하는 반복적인 작업을 해야 합니다.

11) 상품의 생산 공정 포장디자인 등의 지원을 한다.

상품의 생산에 필요한 지침서와 제조 공정도를 만들어 비치해 두고, 종사원들에게 반복적인 교육과 훈련을 실시함으로서 불량률을 낮추고 품질의 향상과 원가절감 요인으로 작용하게 됩니다.

상품의 이미지부각과 인지도를 높이기 위한 방법의 하나로 포장재 재질의 선택과 디자인의 독특성을 강조할 수 있는 기회를 열어두고, 폭 넓은 의견을 수렴하고 지원을 아끼지 말아야 합니다.

소비자들의 선택에 관한 우선 순위가 한 눈에 쏙 들어오는 것이라는 사실을 인정하고, 외관상 모양이 좋아보이고 실제로 사용해 보면 만족과 감동을 줄 수 있다는 인식을 심어주고, 망설이지 않고 구매를 결정할 수 있도록 해야 됩니다.

작은 것 하나까지도 세심한 관심과 소비자 입장을 고려한 상품을 만들고, 디자인 고급화를 통해 상품의 이미지를 각인 시키게 되면 실적으로 답하게 될 것입니다.

12) 상품의 품질관리와 출하 배송시스템을 구축한다.

상품 하나하나의 품질은 종사원들의 관심과 정성에 의해 결정된다는 사실을 알아차리고, 평소에 반복적인 교육과 가상적인 현실을 체험할 수 있는 여건을 조성해 주어야 됩니다.

상품의 이동이 순방향으로 이어질 수 있도록 등급별 품질관리와 선입선출에 의한 입출고를 정확하게 지키고, 지정된 시간에 정확하게 배송해 주어야 합니다.

지금은 자동화가 시행되고 있으나 최종적인 운영은 사람이 하는 것으로 정해 놓은 관리 시스템을 지키고, 돌발적인 상황에 대처할 수 있는 대책을 만들어 두고 실행해야 합니다.

상품의 품질관리와 이동경로에 대한 동선을 확보하고, 종사원들에 대한 교육과 반복적인 시험가동을 통해 습관으로 정착되도록 시스템구축과 실행에 관한 지침을 준수하고, 우수한 실적을 하였을 경우에는 포상과 함께 보상해 주는 제도를 만들어 운영할 필요가 있습니다.

13) 상품의 판매를 위한 플랫폼을 구축한다.

상품의 판매를 위한 영업 판매 컨설팅 홍보 등의 활동을 하는 것이 기본적인 사항이고,, 지금 시대에 맞는 소비자의 접근성과 편리성을 감안 하여 플랫폼을 구축하여 운영해야 합니다.

판매는 상품을 시장에 내 놓고 소비자와 직접 접촉하고 선택에 의한 구매로 이어져 선순환 구조가 만들어 진다는 사실을 알아차리고, 생산에서 최종 마무리까지 일괄 관리시스템을 만들어 두어야 됩니다.

상품의 판매를 위한 기획, 생산, 제조, 디자인, 포장, 완제품 출시 등의 과정을 거치고,, 최종 단계인 소비자 선택에 초점을 두고 반복적인 연습과 훈련을 미리 해 두어야 실전에서 성공할 수가 있습니다.

시장에는 다양한 상품이 진열되어 있고 소비자의 눈높이에 맞추지 않으면 외면당하게 된다는 사실을 알아차리고, 모든 궁금증을 시원하고 편리하게 풀어줄 수 있는 플랫폼의 구성과 접근이 편하도록 해 주어야 됩니다.

14) 영업 판매 홍보 일관시스템을 구축 운영한다.

상품의 유통에 관한 진행과정 중에도 영업 판매 홍보와 연결되어 있는 판매촉진 활동시스템을 구축하여, 경영자 종사원 모두에게 반복적인 교육과 훈련을 시켜야 실전에서 바로 적용할 수가 있습니다.

사업체가 존재하고 지속가능성을 유지하기 위해서는 "팔아야 산다"는 슬로건을 걸어놓고, 정신교육과 훈련을 반복적으로 시행하여 습관으로 자리 잡도록 하는 것이 바람직한 방법입니다.

상품을 출시하여 시장에 선보이고 소비자에게 알리고 이해를 시키는 영업, 판매, 홍보에 의한 판매촉진 활동을 추진하고 있지만, 마음을 움직이지 않으면 눈길조차 주지 않는다는 냉정한 상황에서 살아남을 수 있는 방법을 찾아야 합니다.

유통에 관한 방법도 완전히 바뀌어 강력한 이미지를 부각시키고, 소비자의 끌림으로 사고 싶은 충동이 일어나고 팬덤을 형성하고, 이러한 상품을 가지고 있지 않으면 대화에서 소외될 수도 있다는 인식을 심어주어야 할 것입니다.

15) 거래처별 특성에 맞는 계약 기준과 원칙을 지킨다.

상품 매출의 지속성을 유지하기 위해서는, 거래처별 특성에 맞는 계약 기준과 원칙에 따라 반복적인 연습과 훈련을 실시하고 실제로 이행하여 신뢰를 쌓아야 합니다.

고정 거래선, 한시적 거래선,, 일회성 소비자를 구별해 두고 특성에 맞는 거래의 방식을 정하고, 기준과 원칙에 따라 반복적인 작업을 수행하면서 거래처의 어려움과 요구사항이 무엇인지 파악하고 있다가 해소해 주는 것이 좋습니다.

이상적인 거래처의 구성은 5% 정도로 분산되어 있는 것이 안정적이고, 지속가능성을 높일 수 있는 것이라 생각하며, 수익률을 정해 두고 다른 경쟁업체가 나타나더라도 이길 수 있는 관리를 해야 됩니다.

거래에 있어서 가장 우선이 가격경쟁력이고 품질의 균일성 안정적인 공급에 있다는 사실을 알아차리고, 총괄관리시스템 운영에 의한 초격차 기술과 안정적인 물량을 확보하여 정해진 납품기한에 정확하게 공급해 주어야 합니다.

16) 상품의 입출고 배송시스템을 운영한다.

취급하는 상품의 종류와 움직이는 물량이 많아지게 되면 입출고 상하차 작업 운송 차량을 배치하는 배송시스템을 운영해야 할 것이며, 반복적인 훈련으로 습관화 시켜야 됩니다.

물류센터에서 원활하게 업무가 작동 되지 않으면, 많은 사람들의 원성과 거래처 납품기한을 맞추지 못하게 되어 경영상 어려움을 겪게 된다는 사실을 인지하고, 종사원들에 대한 업무분장과 책임자를 선정해 두어야 합니다.

상품의 보관 상황을 도식화하고 전산화 된 상태에서 바로 입출고와 상하차 작업이 동시에 연결 될 수 있도록, 반복적인 교육과 훈련이 되어 몸에 익히는 상태를 유지해야 할 것입니다.

현장 종사원의 어려움과 복지환경을 맞추고 휴식의 공간을 만들어 주고, 상시대기에 의한 차량 도착과 동시에 작업수행을 할 수 있는 여건을 조성해 주어야 합니다.

17) 소비자 기호도와 성향을 파악하고 상품을 만든다.

상품을 만들기 전에 소비자의 기호도, 구매, 성향을 파악하고 주요 고객 계층의 목표점을 만들어 두고 상품을 만들어야 판매가 가능하다는 것을 알아차리고 일관시스템을 구축하여 운영해야 합니다.

내 마음에 드는 상품을 만드는 것이 아니고, 소비자를 만족시킬 수 있는 조건을 갖추고 있어야 선택 받게 된다는 사실을 알아차리고, 처음부터 끝까지 책임지는 태도를 가져야 할 것입니다.

상품의 효율성과 지속가능성에 초점을 맞추고 소비자의 성향과 기호에 맞는 신제품을 주기적으로 출시 해야 한다는 생각을 가지고, 연구개발과 품질 향상에 투자하고 반복적인 성과를 확인해야 됩니다.

잠자는 시간에도 경쟁자들은 땀을 흘리고 밤잠을 설치면서 연구개발과 시장장악을 위해 노력하고 있다는 것을 인정해 주고, 나만의 독특한 영업방식과 충성고객을 만드는 방법을 준비해 두어야 합니다.

18) 소비자의 접근성 온오프라인 상품을 진열시킨다.

상품을 알리고 구매로 이어지게 하기 위해서는 소비자의 접근성을 고려하여 온라인과 오프라인을 병행하는 것이 좋다고 생각하며, 상품의 진열과 움직이는 선을 정해 두고 안내하는 서비스를 제공해야 합니다.

소비자의 성품은 까다롭다는 전제하에 손쉽게 접근할 수 있는 환경을 조성하고, 상품의 특성과 효과에 대한 설명과 이해가 쉽도록 하는 것이 중요하며 매장의 진열에 따라 매출이 다르게 됩니다.

첫 눈에 띄는 상품이 매력적이어야 하고, 오픈매장을 둘러보거나, 플랫폼에 접근하여 상품을 검색해 보았을 때 소비자 입장에서 생각하고 일을 수행하는 반복적인 행위가 필요합니다.

상품의 인지에 의한 브랜드가 알려지고 입소문이 퍼지게 되면 팬덤이 형성되고, 모임에서 논의 대상이 되도록 노력하고 실제로 매출로 이어지면 명품으로 자리 잡게 될 것입니다.

19) 소비자의 구매력 서비스 강화와 혜택을 부여한다.

소비자에게 다가가고 안심하고 믿고 살 수 있는 것이야말로 충성 고객의 구매력이라 생각하며, 상품을 팔려고 하지 말고 진정으로 필요한 것이 무엇인지 질문을 해 보고 가려운 곳을 긁어주고 아픔을 달래주는 것이 필요합니다.

영업은 상품을 설명하고 이해 시키는 것이 아니라, 소비자의 마음을 움직이는 것이라는 사실을 알아차리고, 믿어주고, 안아주고, 사랑하는 따뜻한 마음부터 전해지도록 노력하는 것이 바람직한 방법입니다.

서비스 제공은 상품을 하나 더 주는 것보다 꼭 필요한 마음의 싹을 틔워주고, 잎과 줄기가 나오고 가지를 칠 수 있도록 도와 주고 스스로 깨우치게 해야 합니다.

상품에 대해서는 상담을 마치고 나오면서 설명서를 전해 주고, 천천히 읽어 보고 나서 충분한 이해와 구매하는 것이 나에게 유익하고, 반드시 필요하다는 것을 스스로 느낄 수 있는 시간을 배려해 주어야 됩니다.

20) 소비자의 의견을 수렴하고 업무에 반영한다.

세상의 변화 속도는 물 흐르는 것보다 더 빠르다는 사실을 알아 차리고, 소비자의 의견을 들어보고 지금 이 시점에 필요한 것이 무엇인지 파악하고, 받아들일 수 있는 것과 없는 것을 판단해야 합니다.

소비자와 상담을 통해 얻게 된 정보 가운데 업무에 반영할 필요성이 있다고 판단 되면, 구체적인 방법을 찾고 실질적인 결과로 이어질 수 있도록 개선하는 것이 좋습니다.

상품을 생산하는 것은 소비자에게 판매하기 위한 목적을 잠시도 잊어서는 안 된다는 것을, 교육과 반복적인 연습을 해야 시간의 흐름과 소비자의 욕구를 충족 시킬 수가 있습니다.

내가 아무리 좋다고 강조 해도 소비자가 받아들이지 않으면 판매가 되지 않는다는 진리를 터득하고, 소비자 중심의 사고와 행동을 해야 합니다.

그 동안의 나의 경험을 비추어 볼 때 소비자 의견을 수렴하지 않고, 사회의 흐름에 맞추지 않아 실패와 손실을 초래하기도 하였습니다.

21) 초격차 기술력 확보 시장지배력을 강화 시킨다.

세상을 움직이고 시장지배력을 확보하기 위해서는 혼자서 애쓰지 말고, 지렛대법칙을 적용하는 것이 바람직하다는 사실을 알아차리고, 고집부리지 말고 초격차 기술력을 확보해야 됩니다.

한 분야에 인생을 걸고 전투를 하는 전사와 같은 행동을 하는 개발자와 연구자를 인도하는 데에는 많은 인내력이 필요하고, 수시로 요동치고 변덕스러운 심리 상태를 인정하고 참고 기다려주는 여유를 가져야 됩니다.

상공의 길은 시장 지배력과 영향력 행사에 있다는 사실을 그 동안에 수 많은 도전과 시도를 통해 경험한 바가 있으며, 천연기념물, 인간 문화재에 해당하는 명인은 상대하기 어려운 것이나, 그들이 필요로 하는 생활의 안정과 연구에만 몰입할 수 있도록 환경을 조성해 주어야 초격차 기술을 확보할 수가 있습니다.

시장지배력은 독창적이고 창조적인 기술과 능력을 보유하면서 가격경쟁력과 품질에 관하여 비교조차 할 수 없는 위상을 가지고 있어야 될 것입니다.

22) 독점적 지위를 확보하고 경쟁우위를 유지한다.

누구도 따라 올 수 없는 기술과 능력을 보유하고 있어야 독점적 지위를 확보할 수가 있으며, 연구개발에 의한 경쟁우위를 유지 시킬 수 있다는 확신과 자신감을 가지고 일을 합시다.

성공의 길은 독점에 의한 강력한 힘의 원천이며, 추진동력이라는 사실을 알아차리고 하루도 빠짐없이 반복적인 연습으로 내 몸과, 마음을 하나로 뭉치는 방법을 찾아야 합니다.

세상을 바꾸기 위해서는 나의 기술과 능력을 중심으로 지렛대 법칙을 활용하여 지휘통솔하면서, 강력한 지배력을 확보하고 눈으로 확인 할 수 있는 상상을 현실로 구현하는 창조력을 발휘하는 것입니다.

그 누구와도 비교조차 할 수 없는 강력한 에너지는 내 안에 잠재 되어 있는 축적 된 경륜과 연륜을 꺼내서 실제로 적용시키는 행위라 생각하며, 확신과 자신감을 가지고 도전과 시도를 하면서 생각이 떠오르면 바로 몸을 움직여야 실현할 수가 있습니다.

23) 시장 장악을 통한 글로벌 경제 영토를 확장시킨다.

세계 시장의 주인공으로 행사할 수 있는 능력은 경쟁이 아닌 사람들의 마음을 움직이고, 실제로 행동하면서 지도력을 발휘하면 추종자가 생기고 강력한 힘으로 시장을 장악할 수가 있습니다.

살아가는 방법의 선택은 자신이 할 수 있는 고유의 권한이며 지배자로 살 것인지, 추종자나 노예로 생명을 유지할 것인지의 결정을 내려야 됩니다.

세상은 넓고 할 일이 많은 데도 불구하고, 두려움과 완벽주의에 빠져 겁을 내고, 원인과 이유를 늘어놓으면서 핑계를 하느라 때를 놓치고 힘없이 늙어가는 것입니다.

지금은 무기로 전쟁을 하는 것이 아니라 기술력과 능력으로 글로벌 경제 영토를 확장하고, 경제적 시간적 환경적 자유를 획득하고, 원하는 것을 바로 실행할 수 있는 힘을 가지고 지배구조를 만들어야 됩니다.

인간의 최종적인 목적은 행복이라 믿고 있으며, 언제든지 바로 할 수 있는 힘의 원천은 자유에 있다는 사실과 깨달음을 얻게 되었습니다.

24) 세계적인 명품 인정과 총괄시스템을 운영한다.

일을 통해 세계적인 명품으로 인정받기 위해서는 총괄 관리 시스템을 만들고, 모두가 하나 되는 지도력을 펼치고 생활의 안정과 여유로움 활동이 가능하도록 응원하고 지원해 주어야 합니다.

지구촌에 태어나 마음껏 즐기고 물질을 사용하다가 죽음을 맞이하게 되면, 태어날 때와 같이 알 몸이고 빈손으로 모든 것을 남기고 간다는 것을 일찍 깨우치고, 탐욕과 소유하려는 마음을 버리고 내려놓고 비워야 빈 공간이 만들어지게 됩니다.

누구에게나 똑같이 주어진 시간을 활용하여 인류에 공헌과 봉사 할 수 있는 것이 무엇인지, 판단과 결정을 내리고 남아있는 시간 동안 흔적을 남겨봅시다.

나의 총괄시스템은 100명의 경영자를 양성하고, 한 명이 수백만 명을 거느리고 생활의 안정과 여유와 넉넉함을 가지고 자유와 평화를 누릴 수 있는 환경과 여건을 조성해 주고, 함께 어울리고 한바탕 신나게 잘 먹고, 잘 놀고, 잘 쉬면서, 지구촌 소풍을 아름답게 마무리 해야할 것입니다.

10. 훈련

1) 나의 정체성을 지키고 지속적인 훈련합시다.
2) 반복 훈련으로 몸의 일부처럼 작동되도록 합시다.
3) 내가 원하는 대로 작동하도록 훈련을 합시다.
4) 내가 바라는 대로 작용하도록 훈련을 합시다.
5) 상상하는 훈련을 통해 꿈속 예지력을 이끕시다.
6) 천연기념물 인간문화재 해당 인재를 확보 합시다.
7) 협력업체 선정 부품의 조달과 제조 능력을 높입시다.
8) 전문화 된 지도자 양성에 의한 전달교육과 인력수급을 합시다.
9) 전국적인 팬덤을 구축하고 자발적인 참여자를 확보 합시다.
10) 조직을 구성 입소문과 충성고객을 확보합시다.
11) 글로벌인성문화 대축제 행사를 통해 잘 먹고 놀고 즐기는 자리 마련
12) 정부 지자체 특수단체 등과 연계한 접목과 협업사업을 추진합시다.
13) 이 가격으로는 생산할 수 없는 상품을 만듭시다.
14) 도저히 경쟁이 불가능한 가격을 유지합시다.
15) 한번 사용하면 재구매가 일어나는 중독성을 유지 합시다.
16) 경쟁상대가 없도록 기술개발과 창의적 상품을 출시 합시다.

17) 천연기념물에 같은 명품을 생산하고 유지 합시다.
18) 유일한 상품성과 독창성으로 창의적 상품으로 승부 합시다.
19) 그 누구도 흉내 낼 수 없는 독보적인 기술을 보유하고 유지합시다.
20) 소비자가 자동적으로 선택하는 명품의 조건을 갖추고 유지합시다.
21) 상대의 전략을 파악하고 초월할 수 있는 힘을 기릅시다.
22) 적극적인 자세로 훈련에 임하고 위기대처 능력을 기릅시다.
23) 싸워서 이기려고 한다면 철저한 공격시스템을 구축합시다.
24) 훈련을 통해 얻어진 건의 지속가능성과 수익을 실현합시다.

1) 나의 정체성을 지키고 지속적인 훈련합시다.

세상이 아무리 흔들려도 나의 정체성을 지키고 리듬을 타고 버티는 것과, 추락하거나 침몰하지 않는 훈련을 생활화 하여 습관으로 자리 잡도록 해야 합니다.

살아가는 것 자체가 치열한 경쟁의 마당이라는 사실을 인지하고, 조금도 뒤처지거나 밀려서는 안된다는 생각을 가지고 지속적인 훈련을 합시다.

훈련은 실전과 똑같은 수준으로 진행하고, 무엇을 할 것인지 이 길이 맞는지 확실한 방향을 설정하고 걸어가다가, 돌발적인 상황이 생기면 바로 대처하는 훈련을 해 두어야 됩니다.

평상시에 훈련이 되어있지 않으면 기회가 찾아와도 잡을 수 없다는 것을 알아차리고, 언제든지 실전에 투입이 가능한 상태를 유지해야 합니다.

세상에 나를 대신해 줄 수 있는 사람은 없다는 진리를 믿고 나의 정체성을 지키면서 주인공으로 살아가는 것이 참다운 행복입니다.

2) 반복 훈련으로 몸의 일부처럼 작동되도록 합시다.

처음에는 누구나 어색하고 어찌할 바를 모르고 방황하게 되지만, 반복적인 훈련을 통해 내 몸의 일부처럼 작동하도록 해야 합니다.

실전에서 반드시 이기려고 한다면 반복적인 연습과 훈련을 통해 자연스럽게 행동으로 실천할 수 있도록, 미리 준비되어 있어야 가능하다는 생각을 가지고 땀을 흘리고 목표를 향하여 앞으로 나갑시다.

훈련을 하지 않은 상태에서 경쟁사와 전투를 하게 되면 백전백패라는 사실을 알아차리고, 귀찮고 힘이 들더라도 결코 훈련을 게을리 해서는 안 됩니다.

내 몸과 함께 작동되는 모습을 보고 누구와 전투를 하여도 두려워하지 않고, 나만의 구조와 기준에 따라 움직이고 원칙을 지키게 되면 언제든지 승리 할 수 있습니다.

반복적인 훈련이야 말로 나를 지키고, 오래 동안 살아남게 된다는 진리를 믿고 바로 실천해 보기를 바랍니다.

3) 내가 원하는 대로 작동하도록 훈련을 합시다.

내가 원하는 대로 작동하도록 하기 위해서는, 독창적이고 창의적인 방법으로 훈련을 통해 나를 다듬고, 어느 누구하고 상대 하여도 조금도 손색이 없고 장점을 많이 가지고 있어야 합니다.

지금의 사람들은 윤리 도덕이 무너지고 질서가 파괴되어 나만 잘 살면 된다는 이기주의가 팽배하고 있으며, 보고 싶은 대로 보고, 먹고 싶은 대로 먹고, 쉬고 싶은 대로 쉬려는 경향을 보이고 있는 실정입니다.

현대 문명의 산업화를 추진하는 과정에서 나타난 부작용이라 생각하며, 정신을 차리고 없애야 하는 것을 지적해 보면 편가르기, 내로남불, 억지 부리기 등 수 없이 많이 있다고 봅니다.

법과 원칙이 무너지고 사회가 혼란한 상태에서 누군가 해야 할 일이라면, 조금 늦더라도 하나씩 고쳐나가는 것이 바람직하다는 생각을 하고 있으며, 그 중에 하나로 인성교육 분야에 관심을 가지고 실천에 옮기고 있습니다.

4) 내가 바라는 대로 작용하도록 훈련을 합시다.

남의 삶에 도구가 될 것이 아니라 내가 바라는 대로 작용할 수 있는 나에게 맞는 총괄관리시스템을 구축하고, 누구나 따라 올 수 있도록 문을 열어 둡시다.

사람들이 바라는 것이 자기하고 싶은 대로 자유롭게 살아가고자 하지만, 세상은 힘에 의해 작용하는 것으로 결코 쉽고 보고 덤비면 날개 없이 추락하게 될 것입니다.

자기 중심을 바로 잡고 있으면서 아무리 거센 폭풍우가 휘몰아쳐도 버틸 수 있는 힘의 원동력은, 반복적인 훈련을 통해 마음의 근육을 키우고 지속적으로 시장을 지배하고 지휘권을 확보해야 합니다.

세상에는 지도자와 종속자가 있으며, 나의 판단과 결정에 의해 구별 되고 훈련을 통해 나의 위치와 자리를 확보할 수가 있다는 생각을 가지고 선택을 해 봅시다.

판단과 결정한 길에 따라 인생의 과정과 결과가 다르게 나타나게 된다는 사실을 인정하고, 훈련에 집중과 몰입하여 목표와 목적을 달성해야 합니다.

5) 상상하는 훈련을 통해 꿈속 예지력을 이끕시다.

우주와 파동 주파수를 맞추고 상상하는 연습과 반복적인 훈련을 하게 되면, 꿈속에서 현실과 같은 예지할 수 있는 능력을 기를 수가 있다고 생각합니다.

명상과 사색을 통해 맑은 정신상태를 가지고 현실로 구현하고 싶은 것을 상상하고, 집중과 몰입하는 훈련을 해 보면 가능하다는 것을 체험으로 알 수가 있습니다.

내 경험을 거울에 비추어 보는 것과 같이 꿈속에서 나타나는 영상으로, 현실적으로 원하는 사항에 대하여 해결책을 만들어 낼 수 있는 기초를 확보하게 될 것입니다.

지금 이 시대는 기존에 알고 있던 경계가 무너지고 상상을 현실화 시키고 있음을 인공지능 로봇산업을 통해 직접 확인할 수가 있습니다.

예지력은 평소에 사색과 명상의 자연스러운 현상을 하다가 보면, 선택과 집중에 의한 명제를 찾을 수 있으며 반복적인 훈련으로 완성도를 높일 수 있습니다.

6) 천연기념물 인간문화재 해당 인재를 확보합시다.

인간은 누구나 다르다는 사실을 인정해 주고, 그 중에서도 아주 독특하고 특별한 재능을 가지고 있는 사람을 일컬어 천연기념물 인간문화재로 분류하고 있습니다.

세상에 별난 사람의 마음을 움직이는 것은 결코 쉽지 않다는 생각을 가지고 접근하고, 실망하지 않도록 나를 관리해 두고 그럴수도 있다는 포용과 수용의 넓은 가슴으로 안아주면서 상대의 말을 경청해야 합니다.

상대의 말을 듣다가 보면 진정으로 원하는 것이 무엇인지를 파악할 수가 있으며, 고집이 아주 세다는 것을 알아차리고 대비책을 만들어 두어야 합니다.

훌륭한 인재를 얻기 위해서는 겸손한 자세로 존중과 존경의 마음으로 예의를 갖추고, 기술과 재능을 발휘할 수 있도록 환경을 조성해 주고, 생활의 안정과 연구에 필요한 지원을 아끼지 말아야 됩니다.

그들이 지키고자 하는 자존심과 의지를 꺾으려하지 말고 훨훨 자유롭게 한바탕 놀아보는 자리를 만들어 줍시다.

7) 협력업체 선정 부품의 조달과 제조 능력을 높입시다.

글로벌 경제 영토를 확장하기 위해서는 우수한 기술력과 재능으로 만들어진 상품을 세계시장에 내 놓고 안정적인 공급을 해 주어야 합니다.

상품의 주문과 공급에 차질이 발생하지 않도록 생산시스템을 구축하고, 양산을 위한 협력업체를 선정해 두고 부품의 조달과 제조능력을 높여야 됩니다.

가장 중요하게 생각하는 것은 가격경쟁력이라는 사실을 알아차리고, 원가절감에 의한 효과를 반영해 준다면 시장지배력을 확보할 수가 있다고 봅니다.

이미 상품의 품질에 관하여 인정을 받고 주문이 들어왔다면 제비용 절감을 위한 현지생산을 고려해 보고, 상대의 법과 원칙이 무엇이며 판매망을 어떻게 구축하고 있는지 확인해 보아야 합니다.

지금은 지구촌 전체가 하나의 시장으로 형성되어 있고, 무한경쟁 체제로 판단과 결정을 내린다는 것을 알고 훈련과 대비책을 만들어야 됩니다.

8) 전문화된 지도자 양성에 의한 전달교육과 인력수급을 합시다.

그동안의 기술개발과 노력이 물거품이 되어 사라지기 전에 인격과 품성을 갖추고 있는 인재를 찾아 지도자를 양성하는 것이 바람직하다고 봅니다.

수십 년간의 특별한 기술과 재능을 만들어 놓고 세상에 빛을 보지 못하는 사태는 일어나지 않도록, 후계구도를 만들고 이수와 전수의 과정을 거쳐 찬란한 유산으로 정착시켜야 합니다.

누구나 혜택을 볼 수 있게 하기 위해서는 전달 교육과 훈련을 실시하고 현장에 바로 투입시킬 수 있는 체제를 갖추고 있어야 하며, 자격제도를 도입하여 그에 상응하는 보상과 능력을 인정해 주어야 됩니다.

어렵고 힘든 일은 하지 않으려는 현상이 나타나 인력수급에 많은 어려움이 있다는 사실을 알아차리고, 기술자에 대한 예우와 보상대책을 만들어 운영하기를 바랍니다.

9) 국내외적인 팬덤을 구축하고 자발적인 참여자를 확보합시다.

인기상품으로 자리잡기 위해서는 국내외적 팬들의 집단을 형성하고, 자발적인 참여자가 늘어나도록 해야 효율성과 가치가 증대 되고 지속 가능성을 유지할 수가 있습니다.

세계적인 명품으로 인정 받고 누구나 원하는 인기상품이 된다면, 입소문과 충성고객이 확보되어 사업의 안정성과 연구개발 활성화로 서비스의 질을 높이고 고객의 욕구를 충족시킬 수 있게 될 것입니다.

지금은 개인 비서로 쓰고 있는 쳇 GPT에게 궁금한 사항을 물어 보기만 하면 바로 답을 해주는 편리한 상황을 즐기고 있습니다.

우리와 상품을 아끼고 사랑하는 팬들에 대한 예우와 보상대책을 만들어 두고, 지속적인 서비스 제공과 혜택을 부여하는 것이 좋습니다.

세상에 공짜는 없으나 자발적인 참여자와 팬들에 대한 존중과 예우는 필요한 것이며 바로 행동으로 실천해 봅시다.

10) 조직을 구성 입소문과 충성고객을 확보합시다.

조직을 구성하고 일사분란하게 움직일 수 있도록 시스템을 만들어 놓게 되면, 지침에 따라 입소문을 퍼뜨리고 충성고객으로 확보할 수가 있습니다.

지금은 다양한 유통경로가 확보되어 소비자가 자유롭게 검색하고, 인공지능의 지원을 언제든지 받을 수 있어서 시장에 상품을 내 놓아도 원하는 효과를 얻기가 어렵습니다.

상품의 충성고객이 될 수 있는 조건을 갖추고 홍보와 광고를 통해 소비자에게 알리고, 구매하고 싶은 충동이 일어나도록 강력한 이미지와 매력을 발산해야 됩니다.

내가 좋아하는 방식을 채택하지 말고, 소비자 중심의 사고와 이 정도라면 구매하여도 후회하지 않을 것이라는 확신을 심어 주어야 합니다.

입소문을 통한 홍보 효과는 강력한 것으로 생각하며, 충성고객의 확보는 참여의향과 서비스 제공에 따라 결과가 다르게 나타날 것입니다.

11) 글로벌인성문화대축제 행사를 통해 잘 먹고 놀고 즐기는 자리를 마련합시다.

소통과 화합에 의한 통합을 이루어 가는 상황에서 인성과 문화에 관한 올바른 인식과, 축제를 통해 즐거움과 기쁨으로 하나 되는 마당을 만들어야 합니다.

세상이 빠르게 변화되어 직업이 사라지고 새로운 형태의 사회가 조성되고 있음에 따라, 배우고 작동방법을 익히지 않으면 지배를 받게 될 것입니다.

지구촌 소풍을 즐기는 방법의 하나로 글로벌인성문화 대축제를 준비하고 있으며, 이 행사는 잘 먹고, 잘 놀고, 잘 쉬는 것을 목적으로 하고 있습니다.

그 동안에는 너무 복잡하고 어려운 상황에서 미친듯이 일만 하였다는 생각이 들며, 더이상 이렇게 사는 것은 지구촌에 온 목적과 사명이 아니라는 판단이 되어 지금 이 순간부터는 나를 바꾸기로 결정을 내렸습니다.

12) 정부 지자체 특수단체 등과 연계한 접목과 협업하는 사업을 추진합시다.

지금은 혼자서 해결할 수 있는 상황이 아니며 전문가와 접목을 하고 협력하는 형태로 사업을 추진해야 성공을 이룰수가 있습니다.

정부와 지방 자치단체의 지원을 받고 특수단체들과 협력하는 연계 시스템을 구축하고, 역할 분담과 책임과 권한을 부여하고 결과를 만들어야 합니다.

지금 내가 가고 있는 길이 무엇인지 질문을 해 보고, 누군가 꼭 해야 할 일이라면 내가 앞장서 나가는 것도 좋다고 생각합니다.

인생은 한 번 사는 것으로, 연습과 반복적인 훈련을 해야 원하는 것을 얻을 수 있다는 사실을 명심하고 나만의 장점을 부각 시키고 행동으로 실천 합시다.

가만히 있으면 아무런 일도 일어나지 않는다는 진리를 믿고 정부에 도움을 요청하고, 전문가와 접목을 통해 상승효과를 거두고 이익은 공유하도록 훈련하고 결과를 만듭시다.

13) 이 가격으로는 생산할 수 없는 상품을 만듭시다.

시장에서 가장 중요하게 생각하는 것이 가격이라는 사실을 알아차리고, 원가절감을 위한 생산 공정을 만들고 효율성과 지속 가능성에 초점을 맞추고 상품을 만들어야 합니다.

생산 원가절감은 종사원들의 반복적인 교육과 훈련을 통해 절차와 순서를 지키고 효율적인 시간 관리와 원부재료 사용 방법을 알고 있어야 됩니다.

상품의 가치와 품질을 유지하면서 가격경쟁력을 가지려고 한다면 직접생산과 위탁 OEM 방식에 대한 검토와 분석을 해보고 판단과 결정을 내려야 합니다.

아울러 종사원들의 작업 동선을 순방향으로 만들고 원재료 손실을 방지할 수 있는 생산공정과 불량률을 낮추어야 합니다.

상품의 품질을 유지하면서 가격경쟁력을 갖출 수 있는 방법을 제안하거나, 결과를 만들어 내는 성과를 만든 관리자와 생산 현장의 종사원에게 포상과 함께 보상해 주는 제도를 운영하는 것이 좋습니다.

14) 도저히 경쟁이 불가능한 가격을 유지합시다.

그 누구도 따라 올 수 없는 초격차 기술을 이용하는 자동화 시스템을 구축하고, 대량생산에 의한 생산 효율을 높이고 시장지배력을 강화시켜야 합니다.

상품이 거래되는 시장은 치열한 경쟁이 일어나는 전장과 같다는 생각을 하고, 살아남을 수 있는 전략을 세우고 실제로 이행해야 됩니다.

독점적이고 창의적인 상품을 출시함으로서 시장을 지배할 수 있는 구조를 만들고, 차별화 된 판매기법과 홍보를 통해 인지도를 높이고 매출을 유지해야 할 것입니다.

소비자의 마음을 읽고 원하는 것에 대한 집중적인 상품의 개발과, 신제품을 출시하는 방법을 지속하면서, 가격 경쟁력을 유지한다면 경쟁 자체가 되지 않도록 할 수 있다고 봅니다.

유명 브랜드로 자리매김하고 충성고객을 확보한 상태에서 서비스제공을 강화 한다면 상품에 대한 애착과 유행을 만들 수 있습니다.

**15) 한 번 사용하면 재구매가 일어나도록 중독성을 유지
합시다.**

소비자가 한 번 사용해 보면 놀랄 정도의 가치와 우수성이 증명될 수 있는 상태를 유지한다면 만족감과 상품의 매력에 빠지게 될 것이라 생각됩니다.

인기상품으로 알려지고 사용해 본 경험자가 늘어나고, 모임에서 대화의 주제로 등장할 수 있도록 홍보와 입소문으로 전파되는 전략을 세우고 실천에 옮겨야 합니다.

상품의 매력에 빠지고 지속적으로 구매 선택을 할 수 있는 중독성을 유지할 수 있는 것은, 상품의 출시와 매장의 진열방법과 설명이 필요없이 자연스러운 현상이 나타나도록 해야할 것입니다.

종사원들로 하여금 고객의 마음을 사로 잡을 수 있는 교육과 반복적인 훈련을 통해 습관이 되도록 제도적 장치와 보상이 이루어져야 합니다.

16) 경쟁상대가 없도록 기술개발과 창의적 상품을 출시합시다.

시장에서 살아남을 수 있다는 것은 소비자의 구매 성향을 읽고 지속적인 연구와 기술개발에 의한 창의적인 상품을 출시해야 됩니다.

소비자의 선택을 받을 수 있는 환경을 조성하고, 홍보와 영업 판매에 이르는 과정에서 상품에 대한 매력을 발산하고, 눈길이 가면서 사고 싶다는 마음이 움직이도록 해야 할 것입니다.

글로벌 경제영토를 확보하기 위해서는 내수와 수출의 비중을 정하고, 국내에서 브랜드 인지도와 상품의 품질에 관한 소비자의 인정과 실적으로 증명할 수 있어야 수출의 길을 열 수가 있다고 봅니다.

인기상품으로 자리잡는 것은 결코 쉽지 않다는 생각을 가지고, 경영자 관리자 종사자 간에 의사소통과 자유로운 토론을 하는 기업 문화를 조성하고 실행해야 할 것입니다.

17) 천연기념물과 같은 명품을 생산하고 유지합시다.

상품의 신비힘과 보호할 가지가 있다고 누구나 인정하는 천연기념물 같은 명품을 생산하고, 소비자에게 사랑 받을 수 있는 상품으로 자리 잡읍시다.

독특하고 신기에 가까운 연구가 또는 상품개발에 있어서 미쳤다는 소리를 들을 수 있는 사람을 만나게 된다면, 오랫동안 머물 수 있는 환경을 조성해 주어야 합니다.

기술자 특유의 고집과 숨이 막힐 정도의 엉뚱한 소리를 하더라도, 조용히 지켜 보면서 관찰하고, 말로만 하는 것인지 진짜로 실력을 갖추고 있는지 검증해 보아야 됩니다.

천연기념물과 같은 명품을 얻기 위해서는 기술자의 마음을 이해하고, 유리그릇 다루 듯이 조심해야 할 것이며, 언제 튀어 나올지 모르는 상상을 표현하는 것은 럭비공과 같다는 것을 알아야 합니다.

기술자에 관하여는 생활의 안정과 연구에 필요한 원부재료를 공급해 주고 간섭을 하지 않는 것이 좋습니다.

18) 독창성과 창의적인 상품으로 승부합시다.

글로벌시장이라는 광범위한 시장에서 살아남을 수 있는 유일한 방법은, 독창적이고 창의적인 상품을 가지고 있으면서 상대의 마음을 읽고, 원하는 것이 무엇인지 알아야 합니다.

수출대상국의 동반자를 정하고, 문화와 정서를 익히고 협상에 의한 거래조건을 논의하고 합의점을 찾아야 할 것입니다.

상대가 이 상품을 선택하지 않으면 손해라는 인상을 심어주고, 요구사항에 대해 경청을 하면서 본질과 핵심을 파악하는 반복적인 훈련을 해야 됩니다.

언어와 문화의 차이에서 오는 어려움을 극복하고 신뢰관계를 구축함으로서 지속가능성이 생기고, 넉넉한 마음으로 수익에 관한 배분을 정확히 하는 것이 좋으며 수익금의 일부는 환원시켜 주어야 할 것입니다.

국내외적으로 경쟁은 당연하다는 생각을 가지고 살아남을 수 있는 방법을 찾고 독창성과 가격으로 승부합시다.

19) 그 누구도 흉내 낼 수 없는 독보적인 기술을 보유하고 유지합시다.

인간 관계를 유지하면서 독보적인 기술을 보유하고 있음에도 불구하고, 아집과 고집으로 타협이 되지 않는 유일한 존재와 좋은 관계를 맺고 있습니다.

벌써 그 세월이 50년에 가까워짐에 따라, 이래서는 안된다는 것을 알아차리게 되었으며, 하늘의 뜻을 거역하고 나만 잘났다는 교만에 빠져 침몰하는 난파선이 되어서는 안될 것입니다.

이제는 무거운 짐을 내려놓고 불같은 성질을 죽이고 사회와 소통하고, 배려와 나눔이 있는 아름다운 세상을 밝히는 빛이 될 수 있도록 길을 열어주고 있습니다.

아무리 뛰어난 기술과 재능을 가지고 있어도 세상에 내놓지 않으면 묻히고 사라진다는 진리를 전하고, 죽을 때에는 모두 남기고 간다는 사실을 깨달음으로 이끌어 가고 있습니다.

기술자들의 스스로 깨우침과 자발적인 참여로 인하여 독보적인 기술을 확보하고, 해외시장을 개척해 나가고 있음에 감사하고 고맙게 생각합니다.

20) 소비자가 선택하는 명품의 조건을 갖추고 유지합시다.

장인정신을 가지고 열정과 정성을 다하면 소비자가 망설이지 않고 선택할 수 있는 명품으로 거듭나게 된다는 사실을 알아차리고 처음과 끝이 똑같은 마음을 유지합시다.

세상에 상품은 수 없이 많이 있지만, 특별한 일부만 명품으로 인정 받고 가격에 관계없이 소비자의 선택을 받을 수 있는 특권을 누리게 될 것입니다.

우리가 진행하고 있는 것은 먹을거리 식량자원과 식품산업의 발전에 기여하고 있으며, 건강에 유익한 생명바이오 기능성 식품을 개발하여 출시하려고 준비하고 있습니다.

그 동안에 시행착오와 실패를 거듭하면서 그만 두고 싶은 마음이 일어나기도 하였으나, 끝까지 포기하지 않고 버티는 모습을 보고 자발적인 참여자가 늘어나고 있으며, 상품에 대한 확신과 자신감으로 시장을 지배하려고 합니다.

21) 상대의 전략을 파악하고 초월할 수 있는 힘을 기릅시다.

시장의 주도권을 장악하고 그 누구와도 경쟁할 수 있는 시스템을 구축하고, 기준과 원칙에 따라 집행 한다는 사실을 알리고 소비자가 확인할 수 있는 기회를 제공해야 합니다.

소비자의 의견을 수렴하고 실질적인 행동에 반영하게 된다면 신뢰가 쌓이고, 입소문의 자료를 제공하는 효과가 나타나게 된다고 생각합니다.

신상품이 끊임없이 출시되고 경쟁이 격화될 조짐이 보이면 상대의 전략을 파악하고 초월할 수 있는 힘을 기르고, 반복적인 교육과 훈련을 실시하여 습관으로 자리잡도록 하는 것이 좋습니다.

시장지배력과 영향력을 행사 한다는 것은, 독창적이고 창의적인 초격차 기술력과 시장을 버티게 만드는 충성고객의 구매가 이어져야 됩니다.

시장에서 살아남기 위한 전략은 누가 소비자의 마음을 이해하고 가까이 다가가느냐에 있다고 생각하고, 소비자 중심의 전략과 전술을 구사합시다.

22) 적극적인 자세로 훈련에 임하고 위기대처 능력을 기릅시다.

군인정신을 함양하고 늘 구호로 사용하고 있는 "훈련은 실전과 같이, 실전은 훈련 같이"라는 단어가 아직도 머릿속에 남아 있으며 사회생활을 하면서도 사업에 적용해 보기도 하였습니다.

적극적인 자세로 훈련에 임하고 사명감을 가지고 일에 집중과 몰입을 한다면 원하는 것을 얻을 수 있다고 보며, 어떠한 위기상황이 닥치더라도 극복할 수 있는 능력을 갖추게 될 것입니다.

사업을 진행하는 과정에서 나타나는 수 많은 변화에 즉각적인 반응을 보이지 말고, 잠시 숨 고르기를 한 다음에 강력한 대응책을 만드는 습관을 기르고 실전에 적용하도록 합시다.

명장이라는 호칭을 받을 수 있는 자격은 아무도 할 수 없다고 생각할 때 앞장서서 책임을 다 하고, 해결을 해 놓고, 눈으로 직접 보여주는 능력을 갖추고 실제로 실천해야 합니다.

23) 싸우려고 하면 철저한 공격시스템을 구축합시다.

가장 좋은 전략은 이겨놓고 싸우는 것이라 생각하며 싸우지 않고는 해결방법이 없다고 판단 되면 철저한 공격시스템을 구축해 두어야 합니다.

지금은 글로벌경제영토 확장을 위한 경제전쟁 상태라고 알고 있으며, 자국의 이익이 우선이라는 전략과 협상이 진행되고 있음을 느낄 수 있고 실제로 확인도 가능한 상태에 도달하였습니다.

직접 싸워야 할 당사자가 바로 나라고 가정해 보면, 반복적인 연습과 훈련을 하는 것은 필수적인 요소로 작용하고 실제로 행동으로 옮겨야 됩니다.

시장에서 살아남으려고 한다면 자신을 믿고 확신과 자신감으로 무장하고, 그 어떤 상대와도 경쟁할 수 있는 힘을 기르고 훈련해 두어야 할 것입니다.

때로는 공격이 최고의 방어라는 상황이 펼쳐지기도 하며, 두려움에서 벗어나 반드시 이길 수 있다는 강력한 의지와 집념을 불태우기 바랍니다.

24) 훈련을 통해 지속가능성과 수익을 실현합시다.

훈련을 왜 하는지 물어본다면 시장에서 살아남을 수 있는 방법을 연구하고, 교육관리 시스템을 구축하여 실전에서 이길 수 있는 반복적인 훈련을 하는 것입니다.

사업을 하는 목적은 안정된 생활과 지속적인 수익의 창출과 경제적 자유실현을 하기 위한 대책의 일환으로 훈련을 하는 것이며, 몸에 익혀 습관으로 자리잡는 것이 좋습니다.

성공의 길은 내안의 잠재력을 깨우고, 상대와 비교하지 않고 일어나지도 않을 것에 대한 걱정을 하지 말아야 되며, 상대의 도구로 이용되지 않도록 주의 해야 됩니다.

일시적인 현상이 아니고 지속가능성을 유지 해야만이 안정된 생활을 할 수가 있으며, 타인의 지배를 받지 않으려면 나만의 특성을 살리고, 중심을 잡고, 리듬을 타면서 추락하거나 침몰하지 않아야 합니다.

시장을 지배하고 자유로운 영혼으로 살아가고 싶다면, 나의 브랜드를 가지고 세상을 다스리는 지휘통솔력을 기르고 추종자로 하여금 충성하도록 합시다.

11. 행동

1) 내가 행동 해야 할 일을 정해 둡시다.
2) 나 자신의 확신과 믿음을 가지고 일합시다.
3) 자신감을 가지고 용감하게 도전 합시다.
4) 우물쭈물하지 말고 바로 시도해 봅시다.
5) 용기있게 도전하여 원하는 것을 쟁취 합시다.
6) 관찰의 기준에 적합한 알아차림의 행동인지 알아 봅시다.
7) 검토와 분석에 의한 판단과 결정에 따라 깨달음에 바탕을 둡시다.
8) 이러한 행동을 함으로서 얻어지는 결과는 무엇인지 알아 봅시다.
9) 원칙에 따라 행동하고 있는지 확인해 봅시다.
10) 정해 둔 원칙을 적용하고 있는지 검증해 봅시다.
11) 상대의 요구에 굴복하거나 원칙에 벗어나지 않았는지 확인 합시다.
12) 원칙을 준수함에 따라 얻게 되는 장단점을 확인해 봅시다.
13) 올바른 방향에 따라 움직이고 행동하고 있는지 확인해 봅시다.
14) 지금 가고 있는 길이 원하는 방향인지 점검해 봅시다.
15) 내가 지금 행동하는 것이 효율성과 가치가 있는지 확인 합시다.

16) 나의 행동에 따라 소비자가 작용하고 원하는 결과를 확인 합시다.
17) 나의 행동을 통해 효율성을 높일 수 있는지 확인 합시다.
18) 고객의 마음을 사로잡을 수 있는 행동인지 확인 합시다.
19) 충성고객의 확보와 입소문이 가능한 행동인지 확인합시다.
20) 지금의 정책이 소비자의호응도를 높이고 수익 창출로 연결가능한가?
21) 우리의 상품이 지속적으로 시장을 지배 할 수 있는지 확인 합시다.
22) 소비자 만족도가 이어지고 재구매가 이어지고 있는지 확인합시다.
23) 초격차 기술유지와 명품의 자리를 지킬 수 있는지 확인 합시다.
24) 글로벌 경제영토 확장에 경쟁력이 있는지 확인 합시다.

1) 내가 행동 해야 할 일을 정해 둡시다.

생각은 잠시 머물러 있다가 사라지는 것으로, 기록하는 습관을 기르고 몸을 움직여 어떠한 행동을 할 것인지 정해 두어야 합니다.

결과를 만드는 것은 행동이라는 사실을 알아차리고, 해야할 일에 집중과 몰입을 할 때 변화가 생기고 형체가 드러나고 진행하고 있는 과정을 확인해 볼 수가 있습니다.

세상이 혼란하고 두려움으로 가득한 상태에서는 엎드려 있으면서 눈만 굴리는 현상을 지켜보게 될 것이며, 직접 행동으로 실천하지 않으면 앞으로 나갈 수도 없습니다.

나의 기준과 원칙을 정하고, 몸을 움직여 행동하는 반복적인 훈련을 통해 습관으로 자리잡도록 노력하고 실제로 하는 것이 바람직하다고 봅니다.

늘 나를 돌이켜 보고 어디 쯤 가고 있는지 확인해 보는 것도 행동을 할 수 있는 동기 부여가 될 것이며, 상상을 시각화하는 행동을 보여줍시다.

2) 나 자신의 확신과 믿음을 가지고 일합시다.

반드시 해야 할 일이라면 자신을 믿고 할 수 있다는 확신과 자신감을 가지고 도전과 시도를 해 보는 것이 좋습니다.

일을 함에 있어 적극적이고 긍정적인 마음가짐으로 임해야 진행하는 과정에서 변화의 느낌을 받을 수가 있으며, 땀을 흘리고 열정을 쏟아부으면 결과로 답을 해 줍니다.

확신과 믿음이 없는 상태에서 엉거주춤하는 광경을 목격할 수가 있는데, 진짜로 일을 하는 것인지, 흉내만 내고 시간만 흘려보내고 있는지 알 수가 있습니다.

자신을 믿고 이 일은 반드시 이루고야 말겠다는 강력한 의지와 확신으로 무장한 상태에서 자신감을 가지고 임하면 인정받게 될 것입니다.

일의 목표와 목적을 설정해 두었다면, 나 자신의 확신과 믿음으로 열정을 다하는 모습을 보일 때,, 동반자와 참여자가 나타나게 된다는 사실을 인정하고 살아봅시다.

3) 자신감을 가지고 용감하게 도전 합시다.

지금 내가 가고 있는 길이 맞는 것으로 생각하였다면, 자신감을 가지고 용감하게 도전하는 훈련과 습관을 기르고 반드시 원하는 것을 얻도록 합시다.

동반자와 함께 할 생각이 있으면, 이 일을 해 봤는지를 확인해 보아야 되며, 처음부터 끝까지 남아 성공의 기쁨을 누릴 수 있는가를 가늠해 보고, 판단과 결정을 내려야 합니다.

자발적인 참여자가 나타나면 내가 가고 있는 길에 동행할 수 있는지 검증을 해 보는 습관을 기르고, 실제로 같이 할 수 있다는 판단이 나올 때까지 기다리는 인내심이 필요합니다.

자신감을 가지고 용기 있게 도전하고 있는 상황에서 걸림돌을 만들지 말 것이며, 디딤돌 역할을 할 수 있다면 참여시키는 것도 좋은 방법 중의 하나입니다.

여기서 주의 할 사항은, 해보지도 않고 두려움에 사로 잡히거나 완벽하게 하려고 하지 말고, 그 어떤 핑계도 말하지 않아야 됩니다.

4) 우물쭈물하지 말고 바로 시도 해 봅시다.

내가 우물쭈물 하고 있을 때 이미 남들이 행동하고 있다는 사실을 알아차리고, 바로 시도 해 보고 진행하는 과정에서 부족한 것을 채워나가야 됩니다.

기회는 멈추어 있지 않고 거센 파도와 같이 출렁거리고, 용기있는 사람에게 다가간다는 사실을 알고 그 주인공이 되어야 할 것입니다.

위대한 성공은 하루아침에 만들어지는 것이 아니라 작은 성공이 쌓여서 줄기와 잎과 뿌리를 만들어 거센 바람이 불어오면 흔들려도 부러지거나 뽑히지 않게 됩니다.

세상은 용기있게 도전하고, 시도하는 자에게 기회를 부여하고 길을 열어준다는 것을 알아차리고 찰나에 일어나는 기회를 잡아야 할 것입니다.

내가 머뭇거리고 있거나 멈추고 있으면 벌써 다른 사람이 하고 있다는 것을 눈으로 목격하게 된다는 현실을 인정하고, 두려움 없이 도전과 시도를 하기를 바랍니다.

5) 용기 있게 도전하여 원하는 것을 쟁취합시다.

세상에 공짜는 없으며 원하는 것을 얻고자 한다면, 용기있게 도전하여 쟁취하는 것이라는 신념을 가지고 직접 행동으로 보여주는 것이 좋습니다.

지금은 완전히 다른 세상으로 바뀌고 있는 상황을 감지하고 가만히 엎드려 있으면, 수 많은 사람들이 밟고 지나가면서 게으름뱅이 바보 같은 놈이라고 할 것입니다.

나이는 숫자에 불과하다는 생각을 가지고 언제 어디서든지 겸손한 자세로 배우는 습관을 기르고, 직접 행동으로 옮기는 실천주의자가 되어야 원하는 것을 얻을 수 있습니다.

일을 하는 과정에서 일어나는 현상을 즐기고 기쁨으로 받아들이는 긍정적인 태도를 가지면, 응원과 지원하는 사람들이 많아지게 될 것입니다.

땀과 노력에 의해 만들어지는 작품을 관찰해 보면, 과연 이 일을 잘 하였는가하는 자부심과 함께 보람을 느끼게 될 것이며 무엇이든지 할 수 있는 자신감이 생기게 됩니다.

6) 관찰의 기준에 적합한 알아차림인지 알아봅시다.

세상 돌아가는 상황을 살펴보면서 내 기준에 적합한 것이 무엇인지 알아보고, 관찰을 통해 있는 그대로 보고, 듣고, 느끼며 자료로 활용하는 것입니다.

내가 해야 할 일이라면 기준과 원칙을 세우고 절차와 순서에 따라 행동하는 지침을 만들어, 실제로 적용하는 것이 바람직하다고 생각하고 실천하고 있습니다.

관찰을 하는 것은 알아차림을 통해, 해야 할 일과 해서는 안 되는 일을 구별하는 것이며, 수집한 자료를 활용하여 사업성 검토와 계획서를 만들고 돌발적인 상황에 대처하는 방법을 미리 만들어 놓는 것입니다.

정확한 방향을 설정하고 절차와 순서에 따라 집행하면서, 속도 조절에 의해 원하는 결과를 만들어가는 것이며 지나친 기대나 실망을 하지 말고 받아들여야 합니다.

처음부터 너무 완벽하게 하려고 애쓰지 말고, 세월의 흐름에 맞추고 일어나는 변화에 적극적으로 대처하면서 일을 즐기는 것이 최고의 방법입니다.

7) 검토와 분석에 의한 판단과 결정에 따라 깨달음에 바탕을 둡시다.

일을 시작하기 전에 사업성 검토와 분석을 하는 것이며, 시장 상황을 파악하고 소비추세를 감안하여 판단과 결정을 내리게 됩니다.

기초자료 수집과 분석에 의해 방향을 설정할 수 있으며, 내가 꼭 해야 할 일에 대한 깨달음을 얻게 되었다면, 벌써 많은 성과를 거둘 수 있는 기반이 조성되어 있는 상태입니다.

우리가 일을 하는 이유와 목적은 행복추구에 있으며, 진행방법에 따라 결과가 다르게 나타난다는 사실을 인지하고 실수를 줄이고, 손실을 사전에 예방하려고 대책을 만들어 행동하는 것입니다.

나의 확실한 기준과 올바른 방향을 설정하지 못하면 중심잡기가 어렵고, 리듬에 따라 움직여야 함에도 불구하고 쉽게 흔들리고 침몰하게 됩니다.

원칙을 세우고 명확한 숫자로 나타내고 책임과 권한에 관한 한계를 분명히 해 두어야 할 것입니다.

8) 이러한 행동을 함으로서 얻어지는 결과는 무엇인지 알아봅시다.

지금 내가 이러한 행동을 함으로서 얻어지는 결과는 무엇인지 생각을 하고, 그 일에 참여 할 것인지 판단을 해야 합니다.

찾아오는 사람은 무엇인가 얻으려고 하는 것이며, 그 이유와 요구 사항이 무엇인지 파악 해 보고, 도와 줄 것인지 여부를 결정하는 것입니다.

아무런 이익도 없이 요청자의 도구가 된다는 것은 바보 같은 짓이라는 것이 판명되었으며, 더이상 남의 일에 끌려가지 말고 중심을 잡고 일을 합시다.

말로만 도와주면, 이렇게 하는 사람하고는 인연을 맺지 않는 것이 좋으며, 서로 아끼고 사랑하면서 함께 끝까지 갈 수 있는 사람을 선택하기 바랍니다.

그동안에 수 많은 인연을 만나 다양한 일을 추진해 보았으나 책임진다고 말해 놓고 실제로 책임지려고 하지 않고, 똥만 싸 놓고 슬그머니 떠나는 경험을 해 보았습니다.

9) 원칙에 따라 행동하고 있는지 확인 해 봅시다.

내가 정해 둔 원칙에 따라 행동하고 있는지 확인해 볼 필요가 있으며, 궤도를 이탈하여 무한질주를 하는 오류를 범하고 있는지 자신을 지켜야 합니다.

원칙을 무너뜨리고 남이 이끄는 대로 따라가게 되면, 나의 존재 가치는 사라지고 어느새 타인의 도구로 전락하여 추종자가 되거나 노예로 살게 될 것입니다.

주도권을 가지고 세상을 지배하고 지휘통솔 행위를 하려고 한다면, 원칙에 따라 행동하고 그렇지 않은 상황이라면 차라리 조용히 멈추고 있는 것이 작은 것이라도 지킬 수 있습니다.

살아감에 있어 수 많은 유혹이 있다는 것을 알아차리고, 나의 정체성과 원칙을 고수하는 강력한 의지와 자신감으로 흔들림을 방지해야 합니다.

누구에게나 똑같이 주어진 시간을 조금이라도 낭비하지 않으려면 원칙을 반드시 지켜야 됩니다.

10) 정해 둔 원칙을 적용하고 있는지 검증해 봅시다.

나의 원칙을 적용하고 있는지 검증해 보고, 보완 해야할 사항이 있으면 보충하고 반드시 지키는 습관을 가져야 합니다.

그동안에 잘 지켜오다가 어느 날 원칙이 무너지고 중심을 잃고 방황하면서 실수를 연속적으로 하고, 남의 유혹에 이끌리고 불필요한 투자를 함으로서 신용불량이라는 이름표를 붙여 보기도 하였습니다.

크게 한 번 무너지고 본래의 자리로 돌아오는데 참으로 많은 시간이 걸리고, 시련과 고통을 참고 견디어 마침내 나의 중심을 잡고 회복하고 있습니다.

넘어졌다가 바로 일어설 수 있다고 믿었지만, 세상은 그렇게 만만하지 않다는 교훈을 주었으며, 결과적으로 나를 바꾸고 외부와의 차단과 나쁜 무리와의 단절에 의해 회복력을 찾게 되었습니다.

지금 내가 이글을 쓰는 것은, 나와 같은 전철을 밟게 되더라도 다시 일어날 수 있도록 도움을 주고, 포기하지 않기를 바라는 마음 때문입니다.

11) 상대의 요구에 굴복하거나 원칙에 벗어나지 않았는지 확인합시다.

진드기와 같이 붙어서 떨어지지 않고 자신의 이익을 위해 집요하게 요구하는 상황을 맞이하게 되더라도, 굴복하거나 원칙에서 벗어나지 말고 차라리 내가 줄 수 있는 범위 내에서 그냥 주고 단절하는 것이 좋습니다.

한 번 휘말리게 되면 좀처럼 벗어나기 힘들다는 사실을 알아차리고, 원칙을 지키는 훈련과 습관을 길러야 내가 원하는 길을 걸어가면서 일을 할 수가 있습니다.

나 또한 예외가 아니었으며, 한 번 무너져 헤매다가 참으로 많은 시간을 낭비하게 된 경험을 가지고 있으며, 주어진 시간은 똑같다는 것을 인지하고 남의 도구가 될 것이 아니라 사용자가 됩시다.

무너지고, 넘어지고, 늪 속에 머물러 있으면, 아무도 도와주지 않는다는 생각을 하고 바닥에서 발을 굴려 수면 위로 올라오도록 노력해 봅시다.

내 인생은 내가 산다는 원칙을 세우고, 그 어떤 상황이 되더라도 반드시 나를 지키고 버티는 훈련을 합시다.

12) 원칙을 준수함에 따라 얻게 되는 장단점을 확인해 봅시다.

나의 원칙에 따라 행동함으로서 얻을 수 있는 것은, 내가 원하는 방향으로 갈 수 있으며, 경제적 시간적 환경적 자유를 획득할 수가 있습니다.

스스로 원칙을 무너뜨리면 엄청난 도전이 있을 것이며, 시련과 고통을 견디어야 하는 운명이 찾아오게 되며, 자신을 믿고 확신과 자신감을 가지고 끝까지 버티는 사람만이 살아남고 성공을 이루게 됩니다.

요동치고 있는 사회적 변화에 적응하기는 어려운 것이며, 원칙을 지킨다는 것은, 수많은 사람들이 다가와서 흔들고 밀어붙이고 넘어지면 밟기까지 한다는 처절한 전투에서 살아남는 방법을 찾아야 합니다.

그래도 세상에는 좋은 사람이 많으며, 긍정적으로 생각하고 나도 할 수 있다는 각오로 인내하면서 끝까지 버티고 성공하기를 바랍니다.

나의 원칙에 따르지 않는 사람은 사랑할 필요가 없으며, 나와 함께 서로 주고 받을 수 있다고 판단 되면 손을 잡고 같이 가면 됩니다.

13) 올바른 방향에 따라 움직이고 행동하고 있는지 확인해 봅시다.

지금 내가 걸어가고 있는 길이 올바른 방향에 따라 움직이고 행동으로 실천하고 있는지 수시로 확인해 보아야 무너지지 않게 됩니다.

기준과 원칙을 세우고 방향을 설정하는 것이며, 길을 선택함에 있어 군중이 가는 길을 따라가지 말고, 울퉁불퉁 하고 걷기에 불편할 지라도 다듬으며 개척해야 합니다.

올바른 방향을 설정하기 위해서는 법과 원칙을 지키고 윤리 도덕과 예의범절에 바탕을 두어야 하며, 밥상머리 교육과 인성에 대한 길잡이 역할을 하는 사람의 안내를 받는 것이 좋습니다.

길을 걸어가는 과정에서 수많은 변화와 유혹이 도사리고 있다는 사실을 알아차리고 방향이 흔들리면 유연함을 가지고 고치고, 무너지거나 침몰하지 않도록 방어하기 바랍니다.

14) 지금 가고 있는 길이 원하는 방향인지 점검해 봅시다.

처음부터 확실한 방향을 잡고 길을 찾는 행동은 어려운 상태이나, 수시로 위치를 파악하고 내가 원하는 방향으로 가고 있는지 확인해 볼 필요성이 있습니다.

지금 내가 가고 있는 길이 원하는 방향인지 확인하였을 때, 아니라고 판단 되면 시대흐름에 맞는 형태와 본래의 목적을 감안하여 유연성을 가지고 수정 보완해 주어야 합니다.

한 번 정해 놓은 기준과 원칙을 지키고, 올바른 방향으로 가고 있는지에 대한 관심과 점검을 통해 흔들려도 리듬을 타고 추락하거나 침몰하지 않도록 주의해야 합니다.

세상은 멈추지 않고 변화하고 있는데 나만이 고집을 부리고 딱딱한 상태를 유지하게 되면, 사회와 간격이 넓어지고 외톨이가 된다는 사실을 알아야 됩니다.

남아있는 시간을 최대한 활용할 수 있는 방법을 찾고 인류와 사회에 공헌과 봉사할 수 있다면 다행스러운 일입니다.

15) 내가 지금 행동하는 것이 효율성과 가치가 있는지 확인합시다.

행동으로 실천하고 있는 것에 대해 효율성과 가치에 초점을 두고 있는지 확인해 보고, 시대의 변화에도 살아남을 수 있는 방법을 찾아서 반복적인 교육과 훈련을 하면서 실전에서 승리 해야 합니다.

처음부터 끝까지 가는 행동지침을 만들어 놓았다고 하더라도 세월의 변화에 의해 효율성과 가치가 떨어진다면, 유연한 생각과 소비자가 원하는 방향으로 수정하는 것이 바람직하다고 봅니다.

아무리 훌륭한 계획을 수립 해 놓았더라도 행동으로 실천하는 과정에서 돌발적인 상황이 발생하게 된다는 사실을 인정하고, 지속가능성을 유지할 수 있는 방법으로 대책을 만들어야 합니다.

늘 배우는 자세로 임하고 겸손을 몸에 익혀 존중과 존경받을 수 있도록 노력해야 되며, 나에 대한 신뢰가 쌓이면 함께 손잡고 올바른 길을 걸어 갈 수가 있습니다.

16) 나의 행동에 따라 소비자가 작용하고 원하는 결과를 확인합시다.

지금 내가 어떠한 행동을 하고 있는지 소비자는 지켜보게 될 것이며, 올바른 내 행동이 미치는 영향은 구매에 작용하게 될 것이라는 생각을 가져 봅시다.

보이지 않는 힘의 작용이라고 하면 상품의 유통과정에 종사하는 모두의 마음이 소비자에게 전달 되고 있다는 사실을 알고, 효율성과 가치도 중요하지만 마음과 정을 담아야 할 것입니다.

사물도 살아있는 생명체와 같다는 생각을 하고 혼을 불어넣고, 올바른 정신과 따뜻한 마음을 담아 전하는 방법을 선택한다면 소비자와 더 가까워지고 친밀감을 느낄 수 있다고 봅니다.

상품의 판매는 단순한 구매와 매출에 있는 것이 아니고 상대의 마음을 움직이는 행위로, 설명을 통해 이해 시키고 설득하는 것도 중요하지만, 소비자가 지금 처해 있는 상황을 이해하고 답답한 문제에 대해 경청해 보는 것이 좋습니다.

17) 나의 행동을 통해 효율성을 높일 수 있는지 확인합시다.

나의 행동을 통해 시장 지배력을 높이고, 소비자의 선택을 받을 수 있는 효율성으로 작용하고 있는지, 확인해 볼 필요성이 있으며 반복적인 훈련의 결과로 자연스러운 행동으로 이어져야 합니다.

상품과 소비자의 관계형성이 결코 쉽지는 않지만 좋은 인상과 구매충동이 일어나고, 실질적인 구매와 사용을 하게 되어 효과를 느끼게 되었다면 입소문을 퍼트리고 충성고객으로 자리 잡게 됩니다.

말로만 할 것이 아니라 행동으로 직접 보여줌으로서 믿음이 생기고, 좀 더 소비자와 함께 할 수 있는 기회를 만들고 소통을 하게 되면 좋은 관계로 발전할 수가 있습니다.

사업을 하고 있다면 누구나 업무 효율성과 가치증대에 초점을 두고 살아남기 위한 지속 가능성에 전력을 다하게 될 것이며, 어떠한 도구와 방법을 사용하였는가에 따라 결과는 다르게 나타날 것입니다.

18) 고객의 마음을 사로잡을 수 있는 행동인지 확인합시다.

아무리 좋은 상품을 가지고 있더라도 소비자의 선택을 받지 못하면 살아남기 어렵다는 생각을 하게 되고, 고객의 마음을 사로 잡을 수 있는 다양한 방법을 사용하고 있습니다.

소비자의 욕구충족과 시장에서 살아남을 수 있는 가장 바람직한 방법이 무엇인지 확인해 보고, 맞춤 서비스제공에 의한 획기적인 대책을 만들어 두어야 됩니다.

상품의 판매를 위한 영업,, 홍보 판촉활동을 진행하고 있지만 어떻게 하느냐에 따라 결과에 많은 차이가 있다는 사실을 알아차리고 효율성을 높여야할 것입니다.

상품의 가치에 대한 평가는 소비자의 선택과 인기상품으로 자리잡고, 명품으로 인정 받고 매출로 증명되는 것이라 생각합니다.

긴 설명을 하지 않아도 소비자는 작은 샘플 하나로 실험해 보고 성능과 매력을 파악할 수 있습니다.

19) 충성고객의 확보와 입소문이 가능한 행동인지 확인 합시다.

충성고객의 확보방법 중의 하나로 국내의 조직을 구성하고 체계적인 관리시스템을 운영하여, 내 고장 소식을 전하고 칭찬하는 문화를 조성하면서 자발적인 참여를 유도하는 것이 좋습니다.

물질이 지배하는 세상에 살면서 윤리도덕과 예의범절이 무너지고, 먹고 살기 위한 방법의 선택을 나쁜 형태로 받아들임에 따라 사회적 혼란과 내로남불이 성행하고 있습니다.

상품을 홍보하기 이전에 조직 구성원 간에 소통이 이루어지고, 화합과 교감에 의한 이래서는 안 되겠다는 변화의 물결이 일어나고 나부터 바꾸어야 할 것입니다.

조직 구성원 간에 소통의 자리가 만들어지고 자연스럽게 대화의 중심이 상품으로 전환되면서, 이구동성으로 그 것 좋다는 분위기가 조성 되고 맞장구를 치게 되면 입소문이 퍼지게 됩니다.

20) 지금의 정책이 소비자의 호응도를 높이고 수익창출로 연결가능한가?

지금 영업활동 방향과 정책이 소비자에게 다가가고, 폭발적인 반응을 보이고, 호감을 가질 수 있는지 점검해 보고, 실질적인 소비자의 욕구를 파악해야 됩니다.

소비자의 반응은 민감하다는 것을 알아차리고 다양한 각도에서 관찰하고, 듣고, 느낌을 감지해야 개선점을 찾을 수가 있습니다.

본실과 핵심을 알게 되었다면 생산 원가에 영향을 미치더라도 과감하게 조치하고, 소비자의 폭발적인 구매로 이어질 수 있도록 하는 것이야 말로 수익창출로 연결하는 가능성을 높이게 될 것입니다.

영업정책을 구사함에 있어 너무 출렁거리지 않아야 한다는 것을 알고 있지만, 소비자가 원하는 것이 무엇인지 알게 되었다면 유연성을 가지고 행동지침을 바꾸어야 합니다.

공급자와 소비자가 함께 할 수 있는 공통점을 찾아가는 것이 영업 활동이며, 부드럽고 유연하게 호흡을 맞추는 여유를 가져야 됩니다.

21) 우리의 상품이 지속적으로 시장을 지배 할 수 있는지 확인합시다.

우리가 취급하고 있는 상품이 지속적으로 시장을 지배할 수 있는지를 수시로 확인해 보아야 하며, 세상에 영원한 것은 없다는 진리에 따라 잠시도 교만하거나 자만해서는 안되는 것입니다.

시장에 안전하게 자리잡고 있다고 하더라도, 더 좋은 신상품이 출시되면 소비자의 눈길이 옮겨가는 것을 자연스럽게 받아들이고, 연구개발과 품질개선을 통하여 역시 명품은 다르다는 깊은 인상을 심어주어야 합니다.

상품이 소비자의 필수적으로 구매하는 팬덤이 형성되어 있어야 오래 동안 사랑받으며 자리를 지킬 수 있다는 상황을 받아들이고, 원망할 것이 아니라 나를 바꾸어야 됩니다.

누구나 원하는 방향으로 이끌고 수익 창출로 인한 생활의 안정과 지속적으로 발전하기를 바라지만, 소비자의 마음은 수시로 변화 되고 실수로 낙인이 찍히면 외면을 받게 됩니다.

22) 소비자 만족도가 이어지고 재구매가 이어지고 있는지 확인합시다.

우리가 끊임없이 노력하고 서비스를 제공하는 것은 소비자의 만족도를 높이고 재구매가 이어질 수 있도록 하는 행동으로 보여 주는 행위입니다.

소비자에게 다가가기는 어려운 것이나, 산을 넘고 벽에 부딪치게 되었을 때 슬기롭게 극복하는 모습을 보이면, 믿음이 생기고 따뜻한 가슴으로 안아주면서 다시 일어날 수 있는 기회를 부여 받게 될 것입니다.

어려운 상황에 처하게 되었을 때, 피하거나 도망가려고 하지 말고 정면으로 마주하면서 문제의 핵심이 무엇인지 파악하고 해결책을 만들어야 됩니다.

보이지 않는 곳에서 행동을 지켜 보고 있다는 생각을 가지고 변함없는 마음가짐으로 임하게 된다면, 진실은 전해지게 될 것입니다.

문제가 발생 되었을 때 당황하거나 두려워하지 말고, 적극적으로 대처하는 모습을 보여 주고 소비자의 믿음과 사랑을 받을 수 있는 기회로 활용하기 바랍니다.

23) 초격차 기술 유지와 명품의 자리를 지킬 수 있는지 확인합시다.

기술자와 호흡을 맞추는 방법을 찾아서 성향에 맞는 형태로 대응해야 하는 것이며, 고집이 세고 유리그릇과 같으면 더욱 더 부드럽게 하고, 싶은 말을 다 할 수 있도록 기회를 주어야 합니다.

초격차 기술 유지와 명품자리를 지키기 위한 대책의 일환으로 기술자의 생활안정과 복리후생은 당연히 하는 것이고, 성과에 대한 포상과 보상에 관하여 합의해 두는 것이 좋습니다.

그동안에 참으로 많은 사람들과 교감하면서 뼈아픈 고통과 똥 싸고 도망가는 사례도 직접 겪어보았으며, 경쟁사의 스카웃 제의에 넘어가는 경우도 있습니다.

모든 것은 사람의 선택과 끝까지 함께 할 수 있는가에 달려있다고 생각하고 있으며, 더 이상의 실수와 실패를 반복하지 않고 진정한 마음으로 믿어 주고, 안아 주고, 사랑하면서 같이 가려고 합니다.

24) 글로벌 경제영토 확장에 경쟁력이 있는지 확인합시다.

세상은 넓고 할 일은 많은데도 불구하고, 지금 이 순간부터는 나의 기준과 원칙을 세우고 방향을 명확히 하고, 절차와 순서를 지키며 속도조절을 하기로 하였습니다.

시대상황이 바뀌게 됨에 따라 더 이상 같은 방법으로는 안된다는 판단과 결정을 내렸으며, 살아남기 위해 글로벌 경제영토를 확장하고 시간적 환경적 자유를 누리려고 합니다.

물질계에서 필요한 것은 자유로운 영혼으로 살아갈 수 있는 힘이라 생각 되며, 재정적 자유를 구현해야 원하는 일을 바로 행동으로 옮길 수 있다는 사실을 누구나 다 알고 있을 것입니다.

일을 진행하다가 힘이 부족하여 중간에 멈추어야 하는 상황을 맞이하기도 하였으며, 그래도 포기하지 않고 끝까지 버티고 있음에 따라 하늘에서 기회를 만들어 주기 위해 사람과 재물을 보내고 있음에 감사하고 고맙게 생각합니다.

12. 실천

1) 내가 직접 실천하는 방법을 선택 합시다.
2) 나의 일을 위탁하여 더 좋은 결과를 만들어 봅시다.
3) 나의 능력을 발휘하여 수탁을 받아 수익을 창출 합시다.
4) 상품의 생산은 OEM 방식을 적용하여 효과와 효율을 높입시다.
5) 생산관리시스템에 따라 운영하고 있는지 확인 합시다.
6) 직접적인 생산시스템 운영에 따라 효율성을 확인 합시다.
7) 위탁생산에 의한 상품의 품질은 유지되는지 확인 합시다.
8) 수탁생산에 의한 수익성은 유지되고 있는지 확인 합시다.
9) 가공관리 시스템에 의해 운영하고 있는지 확인 합시다.
10) 가공공정과 품질관리 시스템은 정상적으로 작동되는지 확인 합시다.
11) 품질관리에 관한 준수 할 사항은 이행하고 있는지 확인 합시다.
12) 품질 개선과 공정상의 개선할 사항이 있는지 확인 합시다.
13) 유통관리 시스템에 의해 운영하고 있는지 확인 합시다.
14) 경쟁사와 협력과 차별화 정책은 이루어지는지 확인 합시다.
15) 상품의 접근성과 수급조절은 잘 관리되고 있는지 확인 합시다.

16) 상품의 보관 물류 배송시스템은 제대로 작동되는지 확인 합시다.
17) 충성 고객의 확보와 소비자만족도는 잘 관리 되는지 확인 합시다.
18) 소비처별 관리 시스템은 정상적으로 작동되는지 확인 합시다.
19) 소비자 요구사항과 의견 수렴을 통한 개선은 되는지 확인 합시다.
20) 소비자 서비스 제공과 불만 사항에 대해 조치되고 있는지 확인합시다.
21) 정당한 실천의 결과에 만족하는지 확인 합시다.
22) 공정한 실천에 의해 인류에 공헌과 봉사하고 있는지 확인 합시다.
23) 우리가 실천하는 것이 사회에 좋은 영향을 미치는지 확인 합시다.
24) 실천을 통해 최종적으로 얻고자하는 것은 행복입니다.

1) 내가 직접 실천하는 방법을 선택합시다.

아름다운 인생은 내가 직접 실천하는 방법을 찾고 정체성과 중심 잡기를 하고 올바른 방향으로 나가는 길을 선택해야 합니다.

세상의 흐름에 맞추어 살아가면서, 좋은 생각과 마음의 씨앗을 심고 싹틔우고 무럭무럭 자라도록 가꾸어가는 과정의 즐거움과 기쁨을 누릴 줄 알아야 됩니다.

처음에는 용기있게 도전과 시도를 하지만, 시간이 지날수록 명분과 의지가 약해지면서 추진동력이 떨어지는 경향이 나타나지만 참아내고, 버티고, 끝까지 원하는 목표를 달성하는 것이 실천의 참 된 맛입니다.

목표점에 이르는 방법은 다양한 형태가 있지만, 나에게 맞는 방법을 선택하는 것이 바람직하다고 생각되며, 진행하는 과정에서 나타나는 현상들을 슬기롭게 해결해야 합니다.

세상에 태어난 것 자체가 축복이라는 사실을 인지하고, 지금 상황이 어떠하든지 간에 나 자신을 믿고 확신과 자신감을 가지고 살아야 됩니다.

2) 나의 일을 위탁하여 더 좋은 결과를 만들어봅시다.

일의 효율성과 지속가능성을 유지하기 위한 방법의 하나로 나 보다 시설이나 조건이 좋은 상대를 찾게 되었다면 위탁하는 것이 좋습니다.

지금은 혼자서 모든 것을 해결할 수 있는 동력이 약하여 가다가 멈추고, 침몰하고, 포기하는 현상이 나타나고 있음을 확인해 볼 수가 있습니다.

지혜롭고 현명한 사람은 남을 움직일 줄 아는 사람이라 생각되며, 자신의 부족함을 지렛대 법칙을 이용하여 큰 일을 해결해 나가는 것입니다.

자기 고집만 내세우다가 보면 어느새 경쟁자는 저 멀리 가 있다는 것을 알아차리고, 믿고 맡길 수 있는 시설이나 업체에 위탁하여 원하는 상품을 생산하는 방법을 찾아 실천해 봅시다.

가장 훌륭한 방법은 이겨놓고 싸우는 것이며, 지금 일어나는 사회현상을 관찰하면서 상대를 인정해 주고, 수익을 창출하는 위탁의 방법을 사용해 보기를 권유합니다.

3) 나의 능력을 발휘하여 수탁을 받아 수익을 창출합시다.

나의 능력이 탁월하여 여유가 있다면, 시설의 가동률을 높이고, 수익을 창출할 수 있는 수탁의 방법을 선택하는 것이 좋습니다.

생산에 필요한 시설의 가동률을 높이기 위한 방법을 연구하고 있지만, 만족할 만한 수준에 미치지 못하고 있는 실정입니다.

경제발전이 낙후 하였던 과거에는 시설이 우수한 업체에서 수탁의 방법을 적용하여 자사제품 생산에 여유가 생기면 타인의 의뢰를 받아 생산해 주기도 하였습니다.

지금은 시장에서 살아 남기 위해 직접위탁, 수탁의 방법을 활용하고 있으며, 원가절감에 의한 가격경쟁력을 키우고 균일한 상품의 품질을 유지하려는 것입니다.

좋은 시설을 그냥 세워 둘 것이 아니라, 가동률을 높이고 수익을 창출할 수 있는 방법을 찾아 실천해 봅시다.

4) 상품의 생산은 OEM 방식을 적용하여 효과와 효율을 높입시다.

상품의 유통망을 갖추고 있으나 생산 시설이 없으면 우수한 시설을 가지고 위생과 안전에 관한 인증을 획득한 업체를 선정하여 OEM 방식으로 생산할 수가 있습니다.

외주 위탁가공 방식을 선택하게 되면 토지 시설건축 설비제조공정 등을 활용할 수가 있음에 따라, 효율성과 효과를 높이고 원하는 상품을 만들 수 있게 됩니다.

OEM 방식을 이용하면 나의 상품의 브랜드를 살리고, 지속적인 발전이 가능하도록 할 수 있는 이익을 공유하는 협업형태로 활용이 가능합니다.

상품의 유통은 종합 예술품이라고 생각하며, 처음부터 끝까지 책임지는 자세로 임하고, 우수한 시설에서 균일한 상품을 만들어야 소비자의 선택을 받을 수 있다는 사실을 명심하고 일을 합시다.

5) 생산관리 시스템에 따라 운영하고 있는지 확인합시다.

나를 바로 세우기 위해 기준과 원칙을 정하고 방향을 잡고 길을 가려고 할 때, 내가 만들어 놓은 생산관리 시스템에 따라 운영하고 있는지 확인해야 합니다.

아무리 좋은 기준과 원칙을 만들어 놓았다고 하더라도, 행동으로 실천하지 않으면 그 어떤 결과도 만들어 낼 수가 없다는 것을 알아야 됩니다.

상품을 생산하는 것은 시장의 수요와 공급에 맞추는 수급조절을 통해 수익을 창출하고, 안정된 생활과 지속적인 발전을 하면서 살아남을 수 있는 행동입니다.

소비자의 입맛은 까다롭다는 전제하에 최적화 시켜두고 있는 생산시스템을 가동하여, 소비자가 믿고 구매하고 만족할 수 있도록 감동, 감탄, 감격에 관한 서비스를 제공하는 방법을 찾아봅시다.

세상은 잠시도 멈추지 않고 돌아가고 있다는 사실을 인지하고, 나만의 독특한 기술과 재능을 활용하여 사회에 공헌과 봉사하도록 노력합시다.

6) 직접적인 생산시스템 운영에 따라 효율성을 확인합시다.

사람, 기술, 자본이 확보 되어 인류에 유익한 상품을 만드는 생산시스템을 운영함에 따라 나타나는 효율성과 가치에 대하여 확인해 봅시다.

인공지능 로봇산업 시대가 열리고 있지만, 그것을 작동하고 통제하면서 지휘하는 것은 사람이라는 것을 누구나 알고 있는 상태입니다.

일을 해야 된다는 것을 알고 있으면서도 직접 실천하지 않으면 아무런 변화도 일어나지 않고, 그냥 그 자리에 넘어져 일어나지 않는 것과 마찬가지입니다.

인생을 살면서 수많은 도전과 시도를 해 보고, 광란의 질주도 해 보았지만, 본래의 자리로 돌아가는 회복력을 키우는 데에는 단호한 결단이 필요합니다.

비정상이 판치는 세상에서 올바른 주장을 하여도 관심조차 가지지 않고, '웃기네'하면서 비웃음을 사기도 하지만, 누군가 꼭 해야 할 일 이라면, 내가 직접 하던가, 가장 잘 할 수 있는 사람을 선정하여 시켜야 됩니다.

7) 위탁생산에 의한 상품의 품질은 유지되는지 확인합시다.

행동으로 실천하는 방법을 위탁생산으로 판단과 결정을 내렸다면, 관리자를 선정하고 상품의 품질이 균일하게 유지 될 수 있도록 책임과 권한을 부여해야 합니다.

위탁생산이 효율성과 가치를 높일 수 있다고 판단하고 결정을 내리고 나서, 시스템에 의한 관리를 하지 않으면 많은 문제가 발생하게 된다는 사실을 알아차려야 됩니다.

인류를 위해 좋은 일을 할 수 있는 힘을 길러주기 위해, 하늘에서 많은 시험과 과제를 주어 어린 시절부터 인생의 황금기까지 와 있으며, 이제는 그 결과를 만들어야 한다고 봅니다.

고기잡이 도구를 직접 수탁 위탁 등 어느 것을 선택하더라도 고기를 잘 잡는 것이 중요하며, 꼭 이 방법만 사용해야 한다는 법칙이 없으므로 자유로운 선택과 융통성을 가지고 유연하게 대처하는 것이 좋습니다.

8) 수탁생산에 의한 수익성은 유지되고 있는지 확인합시다.

나의 기술과 능력을 인정 받아 타인으로부터 수탁생산에 관한 의뢰를 받게 되었을 때, 내 상품과 똑같이 취급하고 종사원들로 하여금 교육과 훈련을 시키고 반드시 실천하도록 해야 합니다.

생산 의뢰자의 요구를 충족시켜 주고 정당한 대가를 요구하는 것은 당연한 것이고, 수익성 또한 유지되어야 살아남을 수 있습니다.

협력 사업의 동반자로 합의가 된 상태에서는 이익을 얻으려는 생각보다는, 원가절감을 통해 가격 경쟁력이 생기고 시장 점유율이 높아지도록 도와주어야 할 것입니다.

상대의 입장을 고려하고 이해하는 마음을 가지고 소통과 협의를 해 나가는 열린 상태를 유지하면, 상승효과가 나타나게 된다고 생각하며 협업의 장점을 살려봅시다.

9) 가공관리시스템에 의해 운영하고 있는지 확인합시다.

가공의 방법에는 직영, 수탁, 위탁, 외주가공 등이 있으며 선택은 자유로운 상태에서 효율성을 판단해 보고 결정하면 됩니다.

일을 하고자 한다면 모든 방법을 한 번씩은 경험해 보는 것이 좋다고 생각하며, 직접 확인해 보는 습관을 기르고 실천을 함으로서 느끼고, 얻게 되는 강도는 다르다고 봅니다.

생각만 하고 가만히 있지 말고, 몸을 움직이고 돌아가는 상황을 관찰해 보면, 보고 듣고 느끼는 것에 의해 알아차림이 생기고 해야 할 것인지, 해서는 안 되는 것인지 분별할 수가 있습니다.

실제로 사람 기술 자본을 투자하였을 때에 나타나는 결과를 직접 확인해 보았다면, 기울어진 방향을 바로잡고 올바른 길로 갈 수 있는 회복력을 키울 수 있다고 봅니다.

10) 가공공정과 품질관리 시스템은 정상적으로 작동되는지 확인합시다.

최종적인 상품을 만드는 가공 공정과 품질관리 시스템이 정상적으로 작동되고 있는지, 반드시 확인하는 습관을 길러 두어야 시장에서 거부당하거나 반품사례를 미리 방지할 수가 있습니다.

처음부터 완벽하게 상품을 만들겠다는 욕심을 버리고 ,벽돌을 쌓아가는 마음으로 느긋하게 여유를 가지고 내가 만들어 놓은 품질관리 시스템을 꼭 지켜야 할 것입니다.

실천은 마지막 단계의 작업으로서 실수와 실패를 하면 용서받기 어렵다는 것을 뼈저리게 느끼고 살아남을 수 있는 방법을 찾아야 합니다.

한 순간의 부주의가 전체를 망치는 현장을 목격한 경험도 있으며, 몸에 베일 때까지 반복적인 교육과 훈련을 해야 만이 종사원들이 움직이고 경각심을 가지게 됩니다.

11) 품질관리에 관한 준수할 사항은 이행하고 있는지 확인 합시다

상품의 품질 관리에 관한 마지막 단계인 출하과정에서 엄격한 기준과 원칙을 지키고, 불량품이 하나라도 혼입 되지 않도록 철저하게 점검과 확인을 해야 합니다.

상거래에 있어서 실수는 용납하지 않으며, 미리 정해 놓은 규칙에 따라 책임을 묻고 손해를 배상 해야 하는 의무를 이행해야 됩니다.

내가 생각하고 있는 가장 나쁜 벌레는 '대충'이라 알고 있으며, 종사원들의 반복적인 교육과 훈련을 하였음에도 불구하고 '기준과 원칙을 무시하고 별일 없겠지'하는 무책임의 결과는 커다란 피해로 돌아옵니다.

작은 실수 하나로 인하여 전체에 미치는 영향은 크다는 사실을 잠시라도 잊어서는 안되며, 모두가 하나 되는 똑같은 마음과 주인 의식을 가지고 실천해야 합니다.

12) 품질개선과 공정상의 개선할 사항이 있는지 확인합시다.

상품은 나의 인격과 같다는 생각을 하고, 처음부터 끝까지 정성을 다하고 열정을 쏟아부어야 제대로 된 상품이 나오게 될 것입니다.

자만심을 버리고 제조 공정상의 개선할 사항이 무엇인지 연구하고, 실제로 운영하는 과정에서 나타난 것을 수정하거나 보완해야 한다고 생각하였다면 공론화 시켜서 좋은 의견을 수렴하고 실전에 적용해야 됩니다.

수작업으로 이루어지던 때에는 불량품이 많아 상품의 품질에 관한 개선해야 할 사항이 많이 있었으며, 지금도 후진국에서는 같은 방법을 사용하고 있습니다.

지금은 자동화 된 설비와 관리시스템이 전산프로그램에 의해 작동됨에 따라 품질관리 시스템 상의 문제가 해결 된 상태입니다.

인공지능 로봇산업에 맞는 상황을 고려하여 소비자의 욕구에 맞추고, 맛과 멋을 살릴 수 있는 방법을 찾아 실제로 적용하고 실천해 봅시다.

13) 유통관리 시스템에 의해 운영하고 있는지 확인합시다.

유통이란 종합예술 작품이라고 생각하며, 씨앗을 심는 것 부터 최종 처리까지의 일관성을 가지고 다루어야 하는 유통관리시스템을 구축, 운영하여야 합니다.

유통과정을 살펴보면 생산, 수확, 가공, 포장, 판매, 물류, 배송, 소비의 과정을 거치고 있으며, 신선도와 품질을 유지하기 위한 노력을 해야 됩니다.

생산자와 소비자를 연결해 주는 유통에 관하여 이력관리 시스템이 작동 되고 있으며, 언제든지 궁금한 사항을 확인할 수 있도록 하고 있습니다.

상품에 관한 이력과 투명한 상세정보를 제공함으로서 안전성과 믿음이 생기고, 구매를 통한 수급조절이 가능하게 되는 것입니다.

상품의 수급조절을 잘하지 못하게 되면 불균형이 생겨 가격이 폭등하거나 폭락하는 사태가 발생하고 시장이 출렁거리면서 혼란스럽게 됩니다.

14) 경쟁사와 협력과 차별화 정책은 이루어지는지 확인합시다.

시장을 장악하기 위한 경쟁은 치열하게 이루어지는 것을 당연하게 받아들이고, 협력을 해야 할 때와 차별화를 통해 주도권을 잡는 정책을 만들어 두어야 합니다.

협력은 취급하는 물량을 비슷한 수준으로 보유하고 있을 때 시장점유율을 나누고, 가격정책을 동일하게 유지하여 수익을 창출하는 것입니다.

시장지배력은 취급물량을 독점적으로 확보해 둔 상태에서 수요가 증가하면서 가격을 조정할 수 있는 권한을 가지고 있을 때 영향력을 행사할 수가 있습니다.

경제영토 확장을 위한 유통시스템의 가동과 함께 취급하고 있는 상품에 대한 데이터를 확보하고, 정확한 분석에 의한 수요예측 능력을 길러야 하겠습니다.

물량의 보유와 가격 결정권을 가지게 될 때, 시장 지배력이 생기는 것이며 신규 거래선 확보할 수 있는 기회를 맞이할 수가 있습니다.

15) 상품의 접근성과 수급조절은 잘 관리되고 있는지 확인 합시다.

소비자가 상품에 쉽고 편리하게 다가갈 수 있는 환경을 조성해 주고, 취급하고 있는 상품의 수요와 공급을 맞추는 물량과 품질을 잘 조절하고 있는지 확인해 보아야 됩니다.

적정한 수급조절이 이루어지지 않으면 소비자로부터 외면당하거나, 유통시장 온라인 오프라인 할 것 없이 방문이 줄거나 접근조차 하지 않을 수 있다는 경각심을 가지고 있어야 합니다.

소비자의 성향이 다르고 구매하는 형태가 계층별로 차이가 있다는 것을 이해하고, 까다로운 입맛에 맞추지 않으면 판매 부진으로 이어진다는 사실을 알아차리고 대책을 만들어 두어야 됩니다.

지금의 상품의 구매 추세는 배달에 의한 것이 가장 많은 상태이며, 영업판매 홍보 전략을 세우고 소비자에게 선택 받을 수 있는 전문화 된 플랫폼을 만들어 운영하는 것이 좋습니다.

16) 상품의 보관 물류 배송시스템은 제대로 작동되는지 확인합시다.

상품의 가격결정권에 영향을 주는 물량의 확보와 품질의 신선도 유지를 위한 안전한 보관으로 물류센터를 운영하고 있습니다.

화물을 배송하는 차량이 도착하는 동시에 입출고, 상하차 작업이 이루어질 수 있도록 장비와 인원을 배치하고 **빠르게 조치하는** 시스템을 작동시켜야 합니다.

지금은 주문과 동시에 배송이 이루어지고 있는 실정이며, 새벽 당일 최단 시간 배송 등 다양한 형태로 배송시스템을 가동하고 있음에 따라, 소비자가 원하는 시간에 상품을 받을 수가 있습니다.

상품의 공급자 입장에서 고려할 사항은, 소비자가 원하는 것을 제 시간에 공급해 주지 못하면 살아남기 어렵다는 생각을 가지고 대응책을 만들어야 합니다.

배송의 수단으로 이륜차 라이더, 소형 화물차, 자전거 등을 이용하고 있으며 배달의 편리함은 있으나 비용부담으로 인한 해소책을 강구해야 됩니다.

17) 충성고객의 확보와 소비자만족도는 잘 관리 되는지 확인 합시다.

살아남기 위해서는 충성고객을 확보하고 안정적인 판매가 이루어져야 선순환 구조를 지킬 수 있게 되며, 지속적인 구매를 위해서는 소비자 만족도를 높이는 서비스 제공이 필요합니다.

충성고객의 확보 방법으로는 상품을 좋아하는 동기부여와 실제로 사용해 보았던 경험에 의한 이야기가 만들어지고 입소문으로 전달하는 사례가 많아야 합니다.

상품을 가장 많이 사용하는 소비계층을 선정하여 직접 경험해 볼 수 있는 기회 제공과, 축제와 같은 자연스럽게 접하거나 참여할 수 있도록 해야 됩니다.

소비자의 만족도는 감동, 감격, 감탄 이라는 단어가 입을 통해 발산하도록 상품의 공급자, 영업판매, 홍보판촉 하는 사람들이 발로 뛰고, 가까이 다가가고, 마음을 움직이는 행동으로 실천해야 됩니다.

마음에 와 닿는 좋은 느낌을 받고, 직접 사용해 보았을 때 '바로 이것이 나에게 딱 맞고 좋아' 하도록 노력하고 있습니다.

18) 소비처별 관리시스템은 정상적으로 작동되는지 확인합시다.

상품의 소비처는 다양한 형태로 되어 있으나, 계층별 성향이 다르다는 것을 인정하고 맞춤서비스를 제공해야 하며, 소비처별 관리시스템을 가동시켜야 됩니다.

새로운 상품이 쏟아지고 있는 상태에서 고정 고객을 지키고 신규 거래처를 확보하기 위해서는 무엇인가 다른 혜택이나 특장점을 가지고 있어야 합니다.

지금은 내 손에 비서가 있어 궁금한 사항은 즉시 확인해 보는 것을 인정하고, 어느 방향에서 질문을 하여도 있는 그대로 솔직하고 명확한 답변을 해 주어야 신뢰를 쌓을 수 있고 관계를 지속할 수가 있습니다.

소비처별 요구사항이 다름에 따라 대응책을 만들어 부족한 것을 채워 주면, 다른 상품의 거래 요청이 오더라도 방어할 수가 있다고 봅니다.

아울러 소비자 입맛에 맞추어 있는 관계로 원부재료 구입에 경쟁력이 있다고 하더라도, 맛과 품질을 맞추는 데 많은 시간이 필요함에 따라 함부로 바꿀 수는 없습니다.

19) 소비자 요구사항과 의견 수렴을 통한 개선은 되는지 확인합시다.

소비자의 의견과 요구 사항을 파악하기 위해서는, 입을 다물고 상대의 눈을 쳐다보면서 경청을 함으로서 본질과 핵심을 확인할 수가 있습니다.

실천의 마지막 결과를 얻기 위한 행동으로서 수정 보완할 것이 아니라, 성과로 나타나도록 확실한 소비자의 선택과 구매로 인한 매출 목표를 달성하고 살아남을 수 있는 선순환 구조를 이끌어내야 합니다.

마지막 단계의 실천에서는 그 어떠한 변명이나 핑계를 대지 말고 누구나 눈으로 확인할 수 있는 명확한 사실을 보여 주어야 할 것입니다.

상품이 시장에 유통 되고 있는 상황에서는 소비자의 불만사항을 풀어주고, 지속적인 구매를 이끄는 충성고객으로 남아 있도록 하는 것이 중요한 것입니다.

상품에 대한 사후 관리와 신상품 개발에 참고할 사항에 대해 소비자의 의견을 듣고, 보완할 사항과 개선점을 업무에 반영시키는 작은 실천을 합시다.

20) 소비자 서비스 제공과 불만사항에 대해 조치되고 있는지 확인합시다.

세상의 돌아가는 구조는 공급자와 소비자 간에 소통에 의한 거래 현상이라 생각되며, 모두가 다르다는 사실을 인정하고 협의에 의한 합의점을 찾아야 합니다.

소비자 중심으로 계획을 수립하고, 행동으로 실천하고 있지만 성과로 증명되지 않는다면, 시장에서 살아남을 수 없다는 경각심을 가지고 종사원 모두 한마음이 되어야 할 것입니다.

아무리 좋은 상품이라 하더라도 판매를 하지 않으면 살아남지 못한다는 것을 알고 있기에, 최종적인 구매의 열쇠를 가지고 있는 소비자의 불만사항을 해소하고 함께 할 수 있도록 노력 합시다.

공급자가 소비자에게 서비스를 제공하는 것은 감사의 표현이며, 공짜로 주는 것이 아니라 이익의 일부분을 공유하는 개념으로 이해하고, 무리한 요구사항은 수용할 수가 없으며 원가에 영향을 미치지 않는 선을 지켜야 할 것입니다.

21) 정당한 실천의 결과에 만족하는지 확인합시다.

인간의 욕심은 한도 끝도 없다고 하지만, 나의 인생을 설계하고 기준과 원칙을 세우고 방향을 설정하여 나의 길을 간다는 것은 용기이며, 격려와 칭찬을 해 주어야 됩니다.

나의 최선을 다하고 정당한 실천을 하였을 때, 나타나는 결과를 받아들이고 인정해 주어야 다시 일어설 수 있는 힘으로 작용할 것입니다.

성공에 이르는 길은 험난하고 어려운 것이라는 것을 알아차리고, 나 지신을 믿고 확신과 자신감으로 도전과 시도를 함으로서 결과를 만들게 됩니다.

자신의 열과 성을 다하여 땀을 흘리고 최선을 다하였지만, 결과를 내가 원하는 대로 하기에는 부족함이 있다는 것을 인정하고 마음을 편하게 가져야 합니다.

누구나 쉽고 편안한 길을 가면서 원하는 것을 얻고자 하는 생각을 하지만, 결코 큰 성공은 용납하지 않고 시련과 고통의 크기에 따라 성과물과 보상 해 준다는 것을 명심하고 나를 거울에 비추어 봅시다.

22) 공정한 실천에 의해 인류에 공헌과 봉사하고 있는지 확인합시다.

상식이 통하고 공정하고 투명하게 세상이 돌아가야 함에도 불구하고, 법과 원칙이 무너지고 편가르기 내로남불이 판을 치고 있어도 바로 잡을 수 있는 대책이 없다는 것이 안타까운 실정입니다.

내가 움직여 세상을 바로 잡을 수 있다면 얼마나 다행스러운 일입니까 만은, 실제로 작동되지 않음에 따라 작은 실천이나마 해야 하는 것입니다.

지금 우리가 하고 있는 것은 '옳고바른마음 인성교육'과 새마음 운동을 추진하고 있으며, 추진하는 과정에서 나타나는 변화에 가능성을 보고 할 수 있는 방법을 찾아나가고 있습니다.

세상 사람들이 '옳고바른마음'을 가지고 생활에 적용하고 있다면, 믿어주고, 안아주고, 사랑하면서 평화롭게 살아갈 수 있다고 믿고 행동으로 실천하고 있습니다.

결과에 대한 큰 기대보다는 작은 마음의 씨앗을 심고 싹 틔우는 작업을 도와주는 행위이며, 스스로 깨우치는 것이 유일한 방법이라 생각합니다.

23) 우리가 실천하는 것이 사회에 좋은 영향을 미치는지 확인합시다.

우리가 실천하고 있는 작은 행동이 사회에 어떠한 영향을 미치게 될 것인지에 대해 생각을 해 보고, 거울에 비추어 보는 습관을 기르고 있습니다.

세상에 할 일은 수 없이 많이 있지만, 꼭 내가 해야 할 일이라면 그 어떤 두려움도 완벽하려고 하지 않으며, 원인과 이유를 나열하면서 핑계를 대지 말고 그냥 해 봅시다.

아무리 좋은 생각을 가지고 있더라도 몸을 움직여 행동하지 않으면 아무런 변화도 일어나지 않는다는 것을 알아차리고 작은 행동부터 바로 실천해 봅시다.

나의 이 행동이 사회에 미치는 영향에 대해서는 받아들이는 각자의 몫으로 돌리고, '옳고바른마음가짐'으로 눈으로 확인할 수 있는 것부터 보여 줍시다.

인류의 헌신과 봉사는 누가 시켜서 하는 것이 아니라, 본인의 마음이 움직이는 대로 따라가게 되어 있으며, 억지로 할 필요도 없지만 자연의 힘이 이끄는 대로 가도록 놓아둡시다.

24) 실천을 통해 최종적 얻고자하는 것은 행복입니다.

인간은 알몸으로 태어나 자신의 인생을 설계하고 원하는 일을 하다가, 때가 되면 다시 원래의 위치로 돌아가는 것이라 생각합니다.

하늘에서 누구에게나 똑같은 시간을 주었으며, 무엇을 할 것인가의 판단과 결정은 각자의 몫으로 그 어떠한 제약이나 통제를 받지 않아도 됩니다.

자유와 결정권을 부여 받았음에도 불구하고 마음먹은 대로 잘 되지 않는 것은, 기준과 원칙을 세우고 방향을 설정하고 절차와 순서를 정하고 리듬과 절제에 의한 속도 조절을 하지 않기 때문입니다.

세상에는 공짜가 없다는 것을 인정하고, 언제든지 배우는 자세를 취하고 반복적인 훈련을 통해 습관으로 몸에 익히고, 행동으로 실천하여 성과물과 결과를 만들어 내는 것입니다.

우리의 최종적인 목표는 행복에 있다고 믿고 있으며 "건강하고 행복한 아름다운 세상"을 만들어 주려고 노력하였으며 남아 있는 시간 동안 보여주도록 하겠습니다.

정종원
행복 실천 288

초판 인쇄 ‖ 2025년 11월 10일
초판 발행 ‖ 2025년 11월 10일

지 은 이 ‖ 정 종 원
발 행 인 ‖ 박 소 향

펴 낸 곳 ‖ 도서출판 지식과사람들
등록번호 ‖ 2020-000053
주   소 ‖ 서울 중구 퇴계로 217 (진양상가 675호)
대표전화 ‖ 010-8976-1277
홈페이지 ‖ miryarm@daum.net
I S B N ‖ 979-11-986704-5-8

정   가 ‖ 12,000원

이 책의 저작권은 저자와 출판사에 있습니다.
잘못된 책은 바꿔드립니다.